丛书编委会

大家精要
典藏版丛书

简读 姚广孝

何江海 著

陕西师范大学出版总社　西安

图书代号　SK24N1926

图书在版编目(CIP)数据

简读姚广孝 / 何江海著 . — 西安：陕西师范大学
出版总社有限公司，2025.1
　（大家精要：典藏版 / 郭齐勇，周晓亮主编）
　ISBN 978-7-5695-4215-8

　Ⅰ.①简…　Ⅱ.①何…　Ⅲ.①姚广孝（1335-1418）—
人物研究　Ⅳ.① B949.92

中国国家版本馆 CIP 数据核字（2024）第 027143 号

简读姚广孝
JIAN DU YAO GUANGXIAO

何江海　著

出 版 人	刘东风
策划编辑	刘　定　陈柳冬雪
责任编辑	焦　凌
责任校对	彭　燕
封面设计	龚心宇　张潇伊
出版发行	陕西师范大学出版总社
	（西安市长安南路 199 号　邮编 710062）
网　　址	http://www.snupg.com
印　　刷	深圳市福圣印刷有限公司
开　　本	889 mm×1194 mm　1/32
印　　张	6.75
插　　页	4
字　　数	123 千
版　　次	2025 年 1 月第 1 版
印　　次	2025 年 1 月第 1 次印刷
书　　号	ISBN 978-7-5695-4215-8
定　　价	49.00 元

读者购书、书店添货或发现印装质量问题，请与本公司营销部联系、调换。
电话：（029）85307864　85303629　传真：（029）85303879

目　录

1

前　言

　　自佛教传入中土以来，历朝历代的高僧多有传记。这些著名僧人或是严持戒律，或是精研佛法，或是博闻广识，种种嘉德懿行，不一而足，基本上都给人以淡泊名利、不问俗事的正统僧人印象。不过也有例外，南朝刘宋文帝时就有这样的人物："时慧琳者，以才学得幸于帝，与决政事，时号黑衣宰相。"如慧琳这般，积极参与政治并影响较大、贵极人臣的僧人，在一千多年的历史中也不过寥寥数人，另有两位分别是元朝忽必烈时期的刘秉忠和元末明初时的姚广孝。

　　作为中国历史上三大著名"黑衣宰相"中的殿后人物，姚广孝无论在宗教还是政治上都颇有建树。一方面，姚广孝纵使身居高位亦缁衣斋行，始终保持着僧人的基本操守，其所撰写的《净土简要录》《道余录》等著述在中国佛教思想史上占据着一席之地。另一方面，在靖难之役这个直接改变明朝政治格局和历史走向的重大历史事件中，姚广孝作为燕王朱棣最为倚重的心腹谋臣，先机襄赞，居中谋划，辅佐朱棣奠定胜局，班列功臣之首。但其才能并未局限于此。姚广孝不仅博通儒、释、道三教，在文学上也造诣颇深，"善诗词古文"，明初第一诗人高启给予了他极高的评价。姚广孝主持监修完成了《永乐大典》《明太祖实录》，负责督造永乐大钟等。这些事功成就，即便达成其中任何一项已足以留名后世，而姚广孝却能数者兼具，胜任自如，其才能令人叹为观止。

只是，透过这些事功成就，追寻姚广孝的生平足迹时，我们所看到的却是一个充满了矛盾与彷徨的身影。姚广孝的成功，不单单来自他的学识才干，更重要的是他的坚持，但这种坚持放在姚广孝身上本来就是一个矛盾。他坚持着少时"仕于王朝，显荣父母"的梦想，却又始终坚守着僧人的基本操守和本分。他向往着归依青山的隐者之乐，却又难以割舍立功立名的士者之心。他当了一辈子慈悲为怀的僧人，却积极策划推动了战争，不自觉地缔造了一个戾气深重的时代。他因好友之死而反感于朱元璋的残忍嗜杀，却又没有与之决裂的意思，也无力改变朱棣的决定。

或许，这样的矛盾从一开始就无法避免。在姚广孝少时为自己所作的人生规划中，"读书有成则仕于王朝，不成则为方外之乐"，似乎就已经预示了他互逃于儒释之间的境况。复杂的人性与难测的命运，决定了姚广孝这看似悖论却又真实的传奇人生。

第 1 章

姚广孝生平

乱世贫家　少小异志

世为医家

关于姚广孝的家世，一般史籍记载较少，如《明史》中仅提及他为"长洲人，本医家子"。明成祖朱棣所亲笔撰写的《御制荣国公神道碑》则略有追溯："广孝，苏之长洲人，祖菊山，父妙心，皆积善，母费氏。"

相对较为详细的记载，还是来自姚广孝本人。永乐十年（1412），姚广孝荣归故里，在其少时出家的妙智庵内建立姚氏祠堂，并立碑为记。碑文由姚广孝亲书，名为《相城妙智庵姚氏祠堂记》，后收录于姚广孝《逃虚子集补遗》中。此碑于民国年间尚存，当地《相城小志》亦收录于卷，名为《姚少师祠堂记》。虽然因相去五百多年，久历风雨，以致移录中出现了较多空白、错漏与讹误。但以两者相互印证对照，大体无差，无疑是关于姚广孝生平最重要、最详细的第一手资料。

综合相关记载材料，我们能够较为明确地整理出姚广孝上三代家庭成员的大致情况。朱棣于《御制荣国公神道碑》中称姚广孝之祖父为"菊山"，由于古人看重名、字之别，并以称人字号为尊，因此这只能是姚广孝祖父的字或号。其祖配偶为周氏，生有二子，长子为姚震之，即姚广孝的伯父；次子为姚震卿，字妙心，即姚广孝的父亲，配费氏。此外，姚广孝还有一个续承家业的哥哥姚恒，和一个嫁与邻村高家的姐姐高姚氏。

关于姚家先辈的生存状况，在姚广孝的自述中也有所提及。其先祖于北宋时还是中原汴梁人氏，但世为平民，家境寒微，并无什么功名富贵之士。金兵攻破汴京之时，其先祖为躲避战乱，不得已带着妻子儿女背井离乡，南渡长江，一路来到平江府（明改为苏州府，今江苏省苏州市）辖下的长洲县，之后在长洲相城（今苏州相城区）定居下来。逃难千里的姚氏在这块陌生的土地上，既无土地产业，又无依无靠，更无权无势，生活之艰辛可想而知。

据姚广孝所述，至少到了其祖父时，已正式以医为业，其哥哥姚恒后来也"续祖、父箕裘之业"，即与其祖、其父一样行医为生。因此，后世记载中强调姚家为"世业医"，称姚广孝"本医家子"的说法，基本上没什么问题。不过这种记载容易给人一种错觉，即姚广孝出身富贵，后世笔记小说中也确实有过这样的演绎。事实上，尽管比起佃地求生的农民，医者的社会地位略高，挣钱也或许稍微轻松些，但并没有从根本上改变姚家长期困顿的处境。无论姚广孝的自述，还是其他史料文献，都找不到关于姚家上辈医术的只言片语，却有朱棣在姚广孝逝后召见其子侄辈，发现姚恒的两个儿子已成了愚笃特甚的农夫，不再行医的记载。由此或可推测，姚家上辈不过是凭着自己的摸索，掌握些粗浅的医术，赖以养家罢了，于当地还算不上家学渊源、医术高明的名望宿医。因此直到姚广孝的祖、父两代，也还只是在相城租房而居。姚广孝为此发出"无寸田尺土，生计甚疏"之叹，可见当时家中经济状况并不太好。

在姚广孝的自述中，提及相城地势低洼，水环其廓，当地人多以耕渔为业，死者无地安葬，只能"火焚骨殖沉之水"。尽管是"其例皆然"，但如此做法大抵只是穷苦人家节省丧葬费用的应对之策。姚家一直遵循着这一当地习俗，不建坟墓，直到姚广孝荣归故里后才建起祠堂。对于从中原逃难至此的姚家而言，迫于"无寸田尺土"的窘困而不得不如此，其无奈、悲痛之情是完全可以想见的。

由上所述，可知姚广孝的家庭不过是温饱之上水准的普通医家而已，没有太多的经济依靠，谈不上什么世家学风，于当地的名望也只是因"世事佛积善"而为乡人所敬。这样的家境，对想要出人头地的姚广孝来说难以起到太大的支持作用，这应当就是姚广孝选择出家为僧的重要因素之一。

生逢乱世

"姚广孝"之名，并非其原名。其幼年在家时，名为"天禧"；十四岁出家为僧后，改法名为"道衍"，字"斯道"。靖难之役功成后明成祖朱棣将其"召至京师，命易今名"，即御赐其名为姚广孝，为后世所常用。

姚广孝的具体出生年月，虽无明确记载，但可依据相关史料推断出来。《明史》《御制荣国公神道碑》都记载了姚广孝逝于永乐十六年（1418），享年八十四岁。另据姚广孝的自述，永乐二年时他"年已七十"。按传统虚岁纪年的习惯来推算，均可确定姚广孝出生于公元 1335 年，这一年一般记为元顺帝至元元年。

元顺帝是元代的亡国之君，至元元年其实已是他在位的第三年。一般认为，此时恰好处于元朝步入衰落的开端，"其乱之成，实自顺帝"。此时虽离元朝灭亡还有三十几年，但全国局势已是积弊已久，矛盾激化，元朝统治的败象在社会各个方面呈现出来并逐步恶化。这一年，元顺帝也才虚岁十六，根基未牢。把握朝政的右丞相伯颜采取排挤汉人的政策，迫使元顺帝禁止汉人参政，废除科举，甚至不许汉人学习蒙古语。这些做法无疑加深了汉蒙两族的不和，使得民众失去对朝廷的信心，元朝的统治基础更加动摇。

在姚广孝五岁时的至元五年（1339），夺回朝政大权的元顺帝试图革新政治，社会矛盾有所缓和，但仍然未能从根本上解决问题。次年，也就是至正元年（1341），全国出现了三百多处公开骚乱。至正四年，很多地方遭遇特大饥荒，民不聊生，盗贼群起。至正五年，一首预示天下大变的童谣传诵于淮楚之间，弄得人心惶惶。姚广孝的童年就是在这样流言四起、乱象频现的动荡年代中度过的。至正八年，十四岁的姚广孝入寺为小沙弥，当时，方国珍浙东起兵，数降数叛，割据一方，由此揭开了元末大动乱的序幕，群雄争斗、改朝换代已是呼之欲出。

至正十一年，由于元廷滥发纸钞、黄河重灾和治河苛役等直接原因，颍州爆发了韩山童、刘福通所领导的白莲教众红巾起事，并迅速发展扩大，"延至江淮，殆无完郡"。至正十二年，朱元璋还俗投奔了濠州郭子兴的义军。而这一年，十八岁的姚广孝正式剃度出家。一进一出寺门的两个和尚，都改变了历史走向，成为明初重要历史人物，不能不说是历史的机缘巧合。

至正十三年（1353），张士诚起兵于泰州，建立大周政权，逐渐发展到江浙一带，于至正十六年兵不血刃占据了平江府城并定都于此。此时，朱元璋也攻下了集庆、镇江等地，与张士诚割据地接壤。朱元璋试图遣使通好，但张士诚未予理睬。两军发生矛盾，兵戎相见，大小数百战，反复较量长达十二年，直至至正二十七年平江被朱元璋围陷，张士诚最终灭亡。这段时期的绵延战乱，对于长期留居苏州相城的姚广孝来说，有着直接的影响。他亲身感受到战乱对于民间生产、生活的严重破坏。

幸运的是，在至正二十六年朱元璋围攻平江之役前，主战场基本上处于江南平原的外围，苏州一带作为张士诚控制下的中心地区一直没有直接遭受战火的破坏。在当时全国整体上已是遍布战火的情况下，三吴地带如同飓风的中心，没有受到太大的波及，很长时间内仍然保持了相对的安定，可谓乱世中的乐土。这份安定，不仅维系了苏州自唐末以来生产发展、经济繁盛的江南核心地位，而且延续了当地文化繁荣、人文浓郁的氛围。姚广孝一家自南迁以来，一直生活在距离苏州府城四十多里的相城镇内。相城其地人口稠密，兼之地处苏州东北方向的交通要道，商旅往来频繁，孕育出浓厚的工商业和文化氛围，成为苏州近郊发达繁荣的重要市镇。这份繁荣于乱世战火中伴随着姚广孝平稳安定地成长，对其人生抉择与走向，无疑产生了很大影响。

幼年习儒

姚广孝的少年时代，就是在这种周边动荡而本地始终相对安宁的氛围中度过的。姚广孝很小就表现出了过人的才智，这既与苏州本地发达的经济文化有关，也受其家庭世为医家的影响。要行医为业，基本的识文断字是必须的，而且还要经常与各色人等打交道，无论对见识还是心态都有所要求，这些无疑会给幼年的姚广孝带来潜移默化的影响。后人称赞姚广孝"博学多通，才智绝人"，疑惑"其术不知何人所授"，事实上应当是姚广孝不断努力逐步积累起来的，其中一个重要因素就是其幼年所接受的儒学启蒙教育。

姚广孝少时习儒的经历，散见于各种文献之中。姚广孝晚年自跋画像诗中曾说："幼读东鲁书，长习西方教。抹过两重关，何者为悟道。""东鲁书"指以山东孔孟为主的儒家典籍，"西方教"则为来自天竺的佛家学说，这显然说的是自己早年求学儒家，后来才身入佛门。另一首《奉酬王右史蕴德》中，姚广孝又说自己："少时事孔学，长日游儒林……无成即从佛，净业乃所任。"姚广孝自小结识的好友高启在《答衍师见赠》中也说："衍师本儒生，眉骨甚疏峭。"明确点出其曾经的"儒生"身份，高启更在后文中铺陈描述姚广孝学习时的情景。另一位好友王彝则在《衍师文稿序》中说："师，儒林之出也，而托迹于浮屠之间。"这些记载，都明确指出姚广孝在出家为僧之前就习儒学的经历。

晚年的姚广孝，曾应幼年受教先生之子孟熙邀请，作有《题孟氏世系图》一文，提到其小时候的学校生活，自称"髫岁时"即童年七八岁时入学。同里的同学有三十多人，可见其入读的不是人数较少的私学，而是较为正规的乡学或社学。在《诸上善人咏序》中，姚广孝又提到："衍不敏，早入教庠中。"所谓"庠"，其本意是老人养老的地方，也是老人教育下一代的地方，后来逐渐演变为地方所办的乡学，是中国古代正规儒家教育机构之一。自西周以来，儒家学校就有国学乡学之别，又有小学大学之分。至元代时官学更为完备，在路、府、州、县四级均设置相应学校，要求"江南诸路学及各县学内设立小学"，并规定十五岁以下者入小学。此外还颁令各路，普及社学："诸县所属村庄，五十家为一社……每社立学校一，择通晓经书者为学师，农隙使子弟入学。"

由于姚广孝少时聪颖伶俐，"不烦师谕，义理自通"，很受授课老师的喜爱，故将其家世渊源告知姚广孝。这位老师姓孟，号材翁，颇有来历，是北宋信安郡王孟忠厚的六世裔孙。其先祖孟忠厚为孟子四十七代孙，又是北宋哲宗孟皇后的侄子，家世显赫，于靖康二年携孟太后诏令，册立赵构为帝，深受南宋高宗信任，官至宰相、少师。孟忠厚的七个儿子亦都定居江南，繁衍为著族。这位孟先生可能就出自定居吴县的第六子孟雍或第七子孟载的其中一脉。

因为姚广孝十四岁就已出家，他接受儒学教育的时间最多也就不过六七年，很难说能学习、钻研儒家典籍到何种程度。就一般情况来看，元代小学的授课内容基本上是"四书"与"五经"并列。在有限的六七年时间里，姚广孝大概只能得到些皮毛，对于其一生来说，是远远不够的。但通过这种较为正统的儒家教育，姚广孝有了初步的儒学基础，早早展示出"性早慧，通儒书""读书，能诗文"的特质，对其后来的成长发展必然产生了较大影响。这个影响不仅仅是学识上的，更表现在其对人生道路的选择上面。

姚广孝自述："广孝尚幼，不愿习医，而白父曰：'某不乐于医，但欲读书为学，有成则仕于王朝，显荣父母，不就则从佛，为方外之乐。'"由此可见，很可能在少时习儒期间，因成绩优异而深得老师器重，并深受儒家建功立业思想的影响，姚广孝由此萌发了"学而优则仕"，从而显荣父母、光耀门庭的梦想。这一出人头地的强烈欲望可以说贯穿于姚广孝的整个人生，即使他当了将近一辈子的和尚也从未改变。

不甘平庸

姚家自迁来相城，家境一直未能有太大的起色，也就没有多少出身之路可以选择。出生于贫寒人家的子弟，首先需要考虑的问题，不是仕途显达，而是如何谋生。姚家当初之所以让姚广孝接受儒家的启蒙教育，除了受当地乡学普及程度影响，或许很大程度上就是因为行医治病需要一定的文化素养。但若要满足姚广孝继续读书求学的强烈欲望，家中财力未必支撑得下去。因此家中长辈不得不从自身家庭状况考虑，劝说姚广孝放弃不切实际的奢望，要求姚广孝弃儒学医，像他哥哥姚恒一样续承祖、父的业医生涯，习得一技之长以减轻家中生活压力。

家庭的这一安排，无疑打破了姚广孝试图沿着传统儒学一步步走向成功的希望。没有家庭经济上的支持，即使满腹才华，十四岁的姚广孝也难以仅靠自身的力量去实现自己的梦想。但是即便如此，已然在儒学熏陶中树立了远大志向、抱负的姚广孝也不甘屈从于现实的制约，始终坚持不再继承祖业，反而出人意料地作出出家为僧的抉择。对于尚未成年的姚广孝而言，敢于突破家庭的局限和束缚，作出这样的抉择，无疑是需要过人的勇气和见识的。

姚广孝的这一抉择，或许不无赌气的成分，但绝非简单的一时冲动，而是他经过认真思考后所想出的一个似可两全的办法：在不给自家增添负担的同时满足自己的求学之志。深入考察姚广孝的成长历程与当时的社会环境之后，不得不承认这确实是个不错的想法。

相城一带属于三吴富庶之地，自古以来就具有浓厚的宗教人文氛围，历代盛传"吴俗佞佛"的说法。地方志中有说："吴中多佛老之区。"姚广孝的至交高启也称："夫吴之佛庐最盛，丛林招提，据城郭之要坊、占山水之灵壤者数十百区。"可见当地佛教之盛。姚广孝的先辈流离于乱世之际，命运多舛，生活艰难，更需要精神上的寄托，因而"世事佛积善，乡之人皆敬焉"。如此社会和家庭环境氛围中成长起来的姚广孝，在耳濡目染之下，自然而然会对佛、道两教产生直观的认识和朴素的情感。这无疑会对姚广孝选择出家的决定产生很大的影响。

当时的元代统治者推行兼容并包、自由放任的宗教政策，尊崇喇嘛僧人，使得宗教势力大增。尽管历代以来都设有僧道官制以掌理其事，却都没有元代那么高的地位。不仅品秩达到了从一品、从二品，还拥有政治、军事、外交大权，甚至能够上干朝政，下治民事，成为政治上的特殊阶级。就连一般的宗教人士都具有较高的社会地位，拥有专门的户籍并享受免税免役的特权。这对有才能而出身低贱的人来说具有莫大的吸引力，一旦置身其中就能够分享到某种程度的士大夫生活。可见，元代中后期寺院的社会和经济地位，足以为姚广孝实现自己的大志提供潜在的机会，令不甘平庸的姚广孝坚持选择如此的道路。据此，后世明清笔记对姚广孝出家从佛的原因加以渲染，说他少时曾入府城，看到僧官"驺从之盛"，好不风光，遂感叹"僧亦富贵如此邪！"心中羡慕，遂生出家之念。这种说法或许有演绎夸张之处，却也未尝不是当时姚广孝心中所想。

对于姚广孝来说，出家入寺的最直接好处就是可使自己免受衣食奔波之累，而实际上他更为看重的是为自己争取一个能够继续接受教育的良好环境。事实上，自佛教寺院兴建以来，一直发挥着作为世俗学术和教育机构的文化功能。元代南方特别是江浙一带文化发达地区，大批文人学士流连于寺院宫观之间，或谈玄论道，或交游唱和，都与佛、道有着千丝万缕的联系，而有名的僧人、道士也多具有良好的文化素养。儒、释、道三者融会相通，成为当时的普遍现象，这无疑也是影响姚广孝作出抉择的重要因素。

十四岁的姚广孝就能深谋远虑，坚持己见，想方设法为实现自己的梦想作出切合实际的选择，实属难能可贵。出家为僧，成为姚广孝人生发展道路上极为关键的一步。这使他没有辜负自己的过人才智，成长为博通三教的高僧，并借此获得接近权力核心的机会，最终得以在明初政治舞台上大展身手，青史留名。

弃儒从释　交游天下

正式剃度

在姚广孝的坚持下，姚氏长辈不得不同意了他的选择。十四岁的姚广孝就在距家颇近的妙智庵里出了家。妙智庵就在相城境内，距苏州城府四十五里，规模虽小，却也颇有历史。妙智庵建于北宋宣和年间，饱经朝代更迭之下的兴荣衰废，曾在金兵南侵时几乎完全毁坏，后经历代住持苦心维持得以渡过难关，逐渐复兴。到至正初年，"第八祖妙通又勤事土木，使徒孙宗传广募众缘，易堂为殿"。到姚广孝入寺时，已有两百多年传承的妙智庵正是大殿新成、香火日盛的时期。那位募捐兴寺的宗传，就是姚广孝的入门师父，如此推算下来，姚广孝应为妙智庵的第十一代传人。

尽管姚广孝已经入寺出家，但还不能取得度牒，算不上正式的僧人。依照佛教戒律，男子二十岁前出家，不得直接受比丘之戒，而要先做沙弥。在正式受戒取得度牒之前，出家的小沙弥仍然可以自由选择返回俗家，而不必然为僧。若是七岁以上十三岁以下，能驱赶鸟雀的，可收为驱乌沙弥；十四岁以上十九岁以下，合乎学习佛法要求的，可收为应法沙弥。对于姚广孝来说，以应法沙弥的身份出家，不失为一个可进可退、一举两得的权宜之计。

姚广孝在妙智庵的生活并无记载，大约只是随着那位不见于史料记载的师父，初步接触各种佛教知识和礼仪。妙智庵并不是有名的大寺院，宗传也不见得是个好师父，而且就姚广孝内心本意来说，并未放弃读书出仕的梦想。《明史纪事本末》等史书中就说："道衍亦自负，屡欲返冠巾。"可见，入寺出家后的姚广孝，很可能多次产生过返俗还儒的念头。

但是到了至正十二年（1352），十八岁的姚广孝还是选择了正式剃度，削发为僧。个中原因，难以确知，推测之下，或许仍然是与其困窘家境有关，尤为关键的是，其父母的不幸早亡。这一伤心往事，姚广孝或许不愿轻易提及，故未见于其早年诗文，直至年逾古稀时才在一首《七夕感怀》中有所流露："父母已亡周甲子，节逢七夕又伤悲。白头想得垂髫日，乞巧中庭把酒时。"诗中回忆儿时依偎双亲膝下欢度七夕乞巧的情景，念及父母已经双双离世整整六十年，悲从中来。从中可知，就算这首诗为姚广孝临终前所作，其父母去世也在他二十四岁之前。此诗写作时间未能确定，但有另一首《梦萱堂诗》或可佐证。"梦萱，孝子思亡母也"，本是姚广孝为其视为同乡、以至孝著称的海宁人孙子良所作，其实也是在抒发自己的思念之情："我侍母侧，笑言雍雍。恍惚不见，痛伤奚穷！"此诗明确作于永乐七年（1409）七月初八，依据两诗诗意内容上的贯通一气以及日期上的巧合之处，或可推测孙子良以"梦萱堂"主旨来请求姚广孝题词时，勾起了姚广孝心底深处的思怀之念，故先后完成两首诗。这一年姚广孝七十五岁，据此推算其父母双亡的时间，应在他十五岁左右。

父母早亡，对姚广孝的打击和影响是可想而知的。即使姚广孝未必甘心终老佛门，却在无奈的现实面前不得不妥协。好友高启在与姚广孝的答和诗中曾提道："披缁别家人，欲挽首屡掉……我或劝之冠，不答但长笑。"在友人劝其重返儒冠的时候，姚广孝长笑无言的背后，或许是豁达不羁的气度，或许只不过是满腹的心酸与无奈罢了。

就在姚广孝正式受戒为僧后没几年，妙智庵就发生了重大变故，"再毁于兵"，庵中僧师也在此先后逝去。这时的姚广孝"年始越冠"，也就是二十一二岁的年纪，依此推算，应是至正十五、十六年，恰是张士诚部攻占平江之时。进驻苏州后，张士诚的军队多占据附近佛寺作为兵营，令寺庙与僧人的生活深受影响。姚广孝还记载了与妙智庵同处一地的永定寺遭受当地驻军严重骚扰的情况："张氏据平江城中，僧坊例皆军住，于是寺宇毁坏，讲众不遑安处，惟佛像与海印堂三字在焉。"这场劫难对于妙智庵而言，可以说是毁灭性的，而对于胸怀大志的姚广孝来说，不过是其漫漫人生的又一波折。

得遇明师

少年姚广孝早早地为自己的人生走向确立了比较明确的目标，他选择出家就是在发展方向上踏出的第一步，而接下来，便是如何凭借自己的努力，突破现实中的种种局限，一步步地走向既定目标。因此，出家后的姚广孝首先必须面对的问题，就是如何获得良好的佛学教育，不断提高自身佛学知识和文化修养，以获得出人头地的机会。

作为姚广孝的佛学启蒙人，入门师父宗传对其早期成长或有助益，令姚广孝"未及冠即能诗文，为时所称"。但在日后姚广孝的记载中极少提及宗传，可见这位在佛教界默默无闻的入门师父，于佛学修养和社会名望上，都难以满足聪颖好学又胸怀大志的姚广孝的要求。

在妙智庵遭毁之后的很长一段时间里，姚广孝主要是靠自己勤学苦修。其知己王行有记，此时的姚广孝僻居于娄水，"居之不以为陋，闭门深坐，或数月不出"。同时，姚广孝也不受师门所限，不吝于向其他僧人讨教，四处拜访道德学问深厚的高僧。"偶来值禅侣，清谈忘永夕。"比姚广孝大二十八岁的华严法师，就是在这样的往来切磋之下，与之结成了忘年之交，"相知惟深"。

如此不懈努力下，姚广孝佛学修养大有长进。据佛教文献记载，姚广孝曾"从北禅虚白亮公习天台，教阅四教义图解，剔其谬处问虚白，白不能答，遂弃之"。北禅当指北禅寺，为苏州著名大寺。可见姚广孝此时在佛学上已颇有见解，向北禅寺僧人请教也已经不能满足他的求知欲望了。如此才华引起了当时著名高僧智及禅师的关注。

智及禅师字以中，号愚庵，是当时江南佛教界最著名的人物。其年龄比姚广孝大了二十四岁，出家于苏州有名的穹窿山海云院，为院中名僧迪公禅师的徒孙，名列高师门下，"释书与儒典并进"，"博通内外书，精于诗律"。因而智及很快成长为著名高僧，"以文章道德名重当世，所交者多缙绅先生"。明洪武五年（1372），朱元璋召有道高僧十人至京师大天界寺，智及原排名第一，虽因病未能应召，也足见其在佛教界中的巨大声望。洪武十一年（1378）智及圆寂，姚广孝以其上首弟子及普庆寺住持的身份请明初著名文豪宋濂撰《塔铭》，文中甚至说姑苏一代高僧辈出，但自宋代以来能"追配先哲者"，唯有智及一人。

此时的智及禅师刚刚摆脱了两年来的诬告冤屈，重新担任杭州径山兴圣万寿禅寺的住持，便邀请姚广孝到其寺中担任掌记一职。姚广孝遂得以另投明师，能够在佛学方面继续提升，也获得了成就事业的关键机遇。对于姚广孝获任径山掌记一职，其知己王行也特意赠文相贺，认为姚广孝长时间不为人所识，在于他志存高远，不落俗套，如今能获名刹之邀，足见他的才学已得到世人的认可。姚广孝在《道余录序》中说道："年近三十，从愚庵及和尚于径山习禅学。"姚广孝来寺时，智及特意作诗为记："二月东吴浩荡春，青天时雨讲花新。"又，至正二十五年（1365）二月，姚广孝在《耕渔轩诗后序》中提道："予居穷窿间，年将期。"即他已经在那里待了将近一年。由上述资料可知，姚广孝投师智及、新任径山掌记的时间应该是至正二十四年的初春二月。

姚广孝追随智及禅师约有三年的时间，侍其左右，"咨叩禅要"，佛学修养日益精进，声誉日隆。佛教文献记载，姚广孝"自是往来十余年，尽得旨要，声誉洋洋聿起江海间"。姚广孝因此在佛教界扎下稳固根基，在佛教名流中也有了自己的一席之地，为后来洪武年间三次列入朝廷召见的高僧名单中打下了重要基础。

广交文士

在径山期间，姚广孝精修佛学的同时，也没有中断一直以来与儒家文士的交往，甚至更加密切和深化。《明史》中称姚广孝："少好学，工诗。与王宾、高启、杨孟载友善，宋濂、苏伯衡亦推奖之。"这与姚广孝早年习儒的经历有关，也受到当地僧人好文之风的影响。他自己也说："余少为浮屠而嗜于文，凡昔浮屠之号能文者之文，无不遍求而博览也。"他曾打算去拜见当时以诗文闻名的僧人郭传，可惜因战乱未能如愿。他所交往的高僧，大多也是同时长于文学的人，例如他的师父智及禅师，亦以诗文称颂一时。

早年的姚广孝尤其着力于与文学儒雅之士的往来唱和，"栖迟乐岩谷，交游喜冠簪"，就是他自己的写照。他常常与好友"相忘邻里间，携诗夕还寻"，由此打下了良好的文学基础。元末的苏州以乱世中的相对安宁，加上张士诚对文士的礼遇，客观上为文人避兵吴中起到了重要作用，也为姚广孝随时与文士交游提供了便利。吴中地区一时文人荟萃，结社唱和的文学活动非常活跃。如以顾瑛为首的玉山雅集，以杨维桢为首的铁雅诗派，在当时都有很大影响。姚广孝所在的苏州一带，就有以高启等人为核心的北郭诗社。除本地高启、王行、王宾、姚广孝等人外，徐贲、张羽、唐肃、高逊志、余尧臣等人也相继迁居此处。其中就有著名的"吴中四杰"，即高启、张羽、杨基、徐贲四人，当时论者将他们同称，而以高启为诸人之冠。

北郭诗社乃是一批志同道合且文学理念相似或相近的青年才俊所组成的团体，反对晚唐以来缛丽倾靡的文风，大力提倡"复古"，推崇汉魏晋唐时代的诗文风格，活动方式始终以写诗谈诗为中心，主要繁荣于张士诚入吴之后。诗社中的文学之士，于文学诗歌上多有成就，且具有多方面的才能。如高启、王彝、杜寅明初曾被召修《元史》；唐肃则"通经史，兼习阴阳、医卜、书数"；宋克以善书名天下，与同时期的宋广并称"二宋"；余尧臣则通兵法，曾助张士诚将领吕珍守越有功；徐贲、张羽、王行、杨基则皆能画。他们与姚广孝的关系都很密切。清朝学者钱谦益根据高启《春日怀十友》组诗而提出"北郭十友"的说法，其中第九首就是《僧道衍》，因此姚广孝必然列居高启的"北郭十友"之中。姚广孝与众多英才俊杰彼此为邻，周旋于诗社之间，整日交往唱和，谈诗论学，如鱼得水。如此良好的人文环境，对姚广孝的成长产生了极大的影响，是其学问日进的一大助力。

姚广孝嗜爱文学儒书，将自己的读书之室命名为萧然斋，日夕用功，文人多来与其谈诗论文，互相唱和。一次，徐贲、唐肃、王行三人至僧舍拜访姚广孝及另一位僧友，五人欢谈竟日，天色已晚仍兴犹未尽，于是留宿僧舍，夜间继续畅谈，并分字赋诗。这样的聚会在姚广孝及其朋友之间是经常进行的。"十才子"之一张适曾在所筑乐圃林馆中招待高启、姚广孝、倪瓒等诗友，并"为十咏"，传为姑苏诗文佳话。一次徐贲约姚广孝相会，因故人挽留误了约期，徐贲特赋诗致意："偶因故人留，不遂林下期。遥知看月处，为我立多时。"姚广孝曾作《怀幼文诗》以抒思念徐贲之情，并寄高启，高启亦和诗答之。姚广孝又曾寄栀子花问候杨基，杨基以诗答谢。这些都足见姚广孝与众文士之交情。晚年的姚广孝曾作诗回忆当时与众人来往的情景，旧事宛如在眼前，并为此感叹道："余客朔方将廿稔，故交零落存谁某。形影相看我尚留，命危脆若惊霜柳。"

姚广孝与众人的交往，也散见于各人的文集记载之中。在此期间，姚广孝的许多杂文，如《五杂俎》《行路难》《从军行》，也可在这些友人中找到同名之作。可见姚广孝早期的许多作品是在与文人诗友的唱和评论中产生的，亦足以说明他与诸友有着长期而密切的来往。

至交好友

北郭文人集团中，高启是苏州文坛的领军人物，也是北郭诗社的核心，与姚广孝交往最为密切，对姚广孝的影响也最大。

高启，字季迪，吴县人，仅比姚广孝小一岁，住处与姚广孝住处相距不远。高启的上辈也是靖康之时从北方汴梁南迁至此的，家境相对富裕，使他能够生活无虞，专心致力于攻读圣贤之书。高启"少孤，力学工诗"，读书过目成诵，尤精历史，嗜好诗歌，年少时已声名显著。后世选明诗者，往往以高启之诗"冠卷首"。《四库全书提要》也盛称高启"天才高逸，实距明一代诗人之上"。高启少时亦曾立志于功名事业，但时事却使他的心迹发生了很大转折。高启虽曾为张士诚招为幕僚，但没多久就借故离去，二十四岁的时候就隐居了。入明后的洪武二年，高启应召赴南京，参与修撰《元史》。他对国家的统一和安定是充满希望的，却对新朝持比较消极的态度，后授户部侍郎却坚辞不受，此举触怒了朱元璋。洪武七年（1374），苏州知府魏观把知府衙门修在张士诚的宫殿遗址上，这无疑犯了朱元璋的忌讳，遂受谮被诛。而为之作《上梁文》颂祝祈福的高启、王彝等人亦被牵连其中，俱斩决。

少年时高启和姚广孝就曾共同学习、求教作诗之法。县志记载姚广孝"少从高启辈为诗，聪敏过人，启极称之"。二十多年里两人常一同游览赏玩、谈诗品文，诗文来往不断，偶尔也谈及人生抱负、家国之事等话题，言语间无所不至。两人都通达古今之文风，志趣相投，所以自是彼此影响，情谊甚是深厚。姚广孝曾作《雪夜读高启诗》："吹台长别最伤情，诗句流传到远林。此夜雪窗开帙看，宛同北郭对床吟。"高启喜得麟儿时，姚广孝也为之欣喜不已，特意作诗致贺。而后来高启的人生遭遇和悲惨命运也对姚广孝的人生选择影响很大。

除高启外，另一个与姚广孝交往甚厚的人则是王行。王行，字止仲，吴县本地人，"家素贫贱"。他也是靠自己刻苦努力而学有所成，少时就已文名大噪，优游于士俊之间，素有大志，有文武才，但久不得机会施展，郁郁不得志。他与姚广孝同病相怜，所以"尤深契道衍，谓必有知者"。两人惺惺相惜，常互相切磋，互相勉励。晚年时因在凉国公蓝玉家中授馆教书，常有大言，而被牵连入"蓝玉案"中，与儿子一同惨遭极刑。

王行与姚广孝相交很早，曾评价姚广孝"听其言，求其学，阴察其所为，不合于儒者无几，特有衣冠之异耳"。显然王行没有将其当作一般和尚来看待，而是等同于儒生，

"知其有当世才，虽自匿，欲有所用之"，成了独知姚广孝胸怀大志的知己。后人对此有长篇议论，盛赞王行知人之明，与唐朝李白慧眼识郭子仪于行伍之间相提并论。这种预见，是建立在对姚广孝的深刻了解的基础之上的。两人长期密切交往，所论无所不及，既有诗文，亦有空玄，甚至还涉及兵法、术数。与其他诗友不同，两人之间论"道""术"似乎更重于论"文"，情谊之深，异于他人。当姚广孝受邀赴径山随智及学禅并任掌记一职时，王行亦为之欣喜，并作文相贺。

在良师益友的影响与熏陶之下，姚广孝的文学水平长进很快。洪武二年，高启应召赴南京修《元史》时，姚广孝携其多年所成诗文结成的《独庵集》前去拜访，并请为题序。高启欣然命笔，给予了很高的评价："观其意，亦将期于自成，而为一大方者也。"高启此文是明初著名文论之一，正是在翻阅姚书之后甚感投契，遂将自己多年来的作文心得娓娓道出。不久以后，姚广孝亦赋诗《访高启钟山寓舍辱诗见贻》，述寻访之事，且慨言"不是别来情愈密，经旬笑语为相投"。可见之前两人的确是相当之契合，情谊也极为真挚。

好友王彝也曾将姚广孝与高启、徐贲等人相提并论，认为他虽托迹浮屠，而与文士儒生长期来往唱和，实可与诸生相颉颃。而当时文坛其他领袖如明初大儒、被朱元璋誉为"开国文臣之首"的宋濂，也对姚广孝之文青睐有加。可见姚广孝的文学成就，已非泛泛之流。后人对姚广孝文学才华的评价，也相当之高。俞汝成说，姚广孝之诗"纵浅近宜传"。顾起纶称其诗文"性空思玄，心寂语新，其兴弥僻，其趣弥远"，将其与惠休、法振这两位历史上久负盛名的"诗僧"相提并论。

结交道士

正当成长关键阶段的青年时期，姚广孝不仅悠游于释、儒之间，与道家也多有交往。后人常渲染他与相城灵应观道士席应珍（又作席应真）相交的事迹，有说姚广孝选择出家是受了席应珍的影响，也有说姚广孝曾以之为师研习兵法、术数之学。如此记载，不仅多见于明清笔记，正规史料《明史》《明史稿》也载："事道士席应真，得其阴阳术数之学。"

席应珍，字心斋，号子阳子，生于元大德五年（1301），比姚广孝年长三十四岁。据记载，他少年时就辞家学道，好学不苟，能兼收众长，博通儒、释之学，对方术之道、兵法、诗赋均有精研，是一位博学多才的异士。这与姚广孝的追求是十分吻合的。席应珍大约在至正二十一年（1361）之后来到相城主持灵应观，随后便与姚广孝相交莫逆。此时席应珍已年过六十，饱经历练，学识趋于圆熟，而姚广孝也年近"而立"，已经具备相当的佛学和文学修养。因此，席应珍之于姚广孝，与其说是良师，莫若说是忘年交的益友。姚广孝是在自己的学识修养基础上，学习、吸收对方长处，并未视之为师，而始终将其定位为可以倾慕与深交的长者。这在姚广孝为席应珍所撰写的墓志铭和长篇祭文中有所体现。可见，史料大多夸大了席应珍及道家对姚广孝的影响。

这种渲染和夸大，主要是由于后来姚广孝辅佐朱棣"靖难"功成，后人对其所展现出来的兵法谋略的来源大感兴趣，渐生种种传闻。如明人陆延枝所撰的奇闻逸事集《说听》中就有记载，说姚广孝偶然花十文钱买了本得之于鹊巢的兵书，却读不懂，后遇一知晓兵书来历的云游僧，遂下拜求教，得授秘诀后才洞悉其术。这种说法显然属于街谈巷论，比之师从席应珍的说法更是荒诞不经。在当代学者江灿腾先生看来，元末如此动乱中，一个有心人是不难学到这一本领的，而且姚广孝北上入燕后还有十几年的时间来增强这方面的能力。

事实上，在与席应珍交往之前，姚广孝就有很多机会接触兵法方面的内容。在姚广孝交游的圈子中，北郭诗社的不少人都喜欢谈论兵法。如至交高启，饱读兵书，年轻气盛时曾与人讨论兵法："与之论兵家书，穷昼漏……自是每见，必挟史以评人物成败之是非，按图以考山川形势之险易。"

此举颇有指点江山、意气慨然的气势。如知己王行，更以知兵称于后世。史载王行性喜谈兵，元末两浙兵起时，经常默坐筹算交战双方的胜负，结果往往与实际情况相符。尤其在苏州城被朱元璋军围困时，王行指出守将之谬和破解之法，果然，徐达、常遇春等名将采用类似办法攻破城门，时人深服王行高见。其他与姚广孝交往密切的人如徐贲，曾作诗表露心意："结交梁楚燕赵间，追慕廉蔺羞郭解。誓将弓槊事鞍马，耻做寒儒服巾带。"又如宋克，"少任侠，击剑走马，弹下飞鸟。见天下乱，学握奇阵法，将北走中原，从豪杰计事"。以开元功臣刘秉忠为榜样，渴望建功立业的姚广孝，对兵法、术数等方面的兴趣或许要比高启等人更为强烈。如此环境氛围下，姚广孝这方面的能力就像他的诗文一样，虽无具体师承，却能在潜移默化中日渐长进，只是此时尚无用武之地罢了。

除席应珍外，姚广孝所结交的道人尚多。他与道家的交往其实早在认识席应珍前就开始了，他自己就说过："余少颇好异，每慕神仙家。"这不仅仅是他个人的情况，当时的吴中文士也多与释、道两家有着密切的来往交流，甚至有些道士与姚广孝一样直接融入了这个诗文集团。如，道者吕敏就是北郭诗社的重要成员。他与高启、徐贲相交莫逆，又乐于与僧人来往，与姚广孝同列"北郭十友"，两人自然也常有接触。另一位与北郭诗社成员来往密切的道人李睿，也与姚广孝颇为投契，姚广孝曾为其作《鹤瓢记》美之。建文年间，李睿之侄到北平拜访，姚广孝回忆起昔年与李睿及吴中诸友来往唱和的情景，作长诗《送李炼师还吴》相赠："荐绅吴下真渊薮，独欣东郭多交友。我着田衣共颉顽，形服相忘岁年久……鹤瓢先生清且秀，深探道术持枢纽。山房每与吾侪会，茫然共入无何有。我念披缁道不同，岂知见爱情尤厚。"鹤瓢先生即道士李睿，可见两人交情之深厚。

姚广孝一直保持着与道人的友好关系，包括受朱元璋召见赞赏的"鹤林高士"周玄真和有"道门硕儒"之称的第四十三代天师张宇初。其文集中有多篇与张天师唱和的诗作，从中可以看出两人之间来往密切、感情真挚。所以说，姚广孝能够博通道家，绝非仅仅受席应珍的影响。

四方游历

"我生四方志，不乐乡井中。"胸怀大志的姚广孝显然是不愿被束缚于一时一地的，无论是在志向选择上，还是在生活方式上。因此，少时的姚广孝就有"自昔辞家日，曾期万里游"的想法。这不仅仅出于其"我性如野鹤，好入云林游"的性格，更是他求知问道、游学砥砺的重要方式。他自己就说："衍自晓人事，出游湖海间。凡儒老二教泊同宗之士，有道德闻望过于人者，无有不求知也。苟知之，无有不往而求见者也。"对他来说，游学湖海之间，是与读古今圣贤书同等重要的事情，即"读万卷书，行万里路"。

最初姚广孝的游历范围只是苏州近郊，常与北郭诗友结伴而行，会文咏诗，留下了《百花洲》《开元寺雨中观梅》《狮子林》等诗作。尤其是吴中山水之最的花山，风景秀雅，历史悠久，在佛教界颇负盛名，姚广孝百看不厌，曾分别与不同的人三上花山，作《游天池记》，尽抒其"荡胸怀而畅心目"的嬉游之乐。

他的足迹开始在吴越之间延伸，曾去过常熟名观致道观。此观前身为南朝梁时张道陵天师第十二代孙张道裕所建的"招真治"，为江南道教圣地。姚广孝游览该观，作诗《秋日登海虞致道观》为记。

随着时间流逝，见识增长，姚广孝渐行渐远，足迹遍布淮楚、江浙以及中原的许多地方，甚至"屡岁不归"，尽兴方返。

洪武元年（1368）前后，即朱元璋围攻平江、张士诚灭亡前后，已随智及学禅三年的姚广孝开始了他的第一次远游。对于这次远游，他的朋友们都很重视，特意聚集在一起，以行人随身之物为题赋诗相送。其中高启拈得"履"，杨基赋"净瓶"，徐贲咏"钵"，诗文在展现各人文采的同时，又真切表达了对姚广孝远游的祝愿、惜别之情。姚广孝西向而行，进入荆楚之地，沿途时有记行、咏景之作，如组诗《汉阳十景》。西行之旅的艰辛，对姚广孝来说印象深刻，其诗文或许不仅仅是对路途艰难的感叹，也包含着对当时社会乱离情景的唏嘘。

"去年客淮楚，今往浙水东。"西游之行，姚广孝颇有心得。因此归来后不久，大约洪武二年（1369）春，姚广孝又开始了东行之旅，并作长诗《东游别乡中诸友》，言其志向和情谊："三登及九到，欲与古德同……逶迤路未尽，盘桓兴无穷……优游平生友，恨不长相从。"此次东游，他途经同里、杭州，一路上广交朋友，切磋诗文，于洪武三年春来到南京。他将多年诗文结集为《独庵集》，并请当时在南京天界寺修《元史》的高启、贝琼等人作序。姚广孝与修撰《元史》的文人逸士交好，在这座御书"天下第一禅林"的寺中居留五月之久，于六月八日归去。

姚广孝这次游历一年有余，但似乎并未尽兴，尤其对未能拜访佛教四大名山之一的普陀山一直耿耿于怀。不过，东游回来后的洪武四五年间，他生了一场大病。洪武八年他曾受南京诏取，却又回到苏州西山海云院转修净土法门，终日危坐念佛，希求化生极乐。智及禅师去世后，他作为门下弟子料理师父后事，并整理智及的《四会法语》直到洪武十三年六月印行。因此洪武十三年（1380）秋，他才有了第二次东游。

此时的姚广孝已经四十五岁，虽有遍行江浙的打算，却因身体的原因，大多未能成行。当然他还是得偿夙愿，一番舟车劳顿之后来到舟山群岛中的"海天佛国"普陀山，并作《游补陀洛伽山记》以记之。文中不仅盛赞普陀山的山海风光之秀美、僧俗礼佛之盛况，还有其多年游历心得总结："譬夫月之行天，水之行地，虽无乎不在，观月者必登乎高，观水者必临乎深，何哉？不登高不足以见月之朗耀，不临深不足以见水之澄波。"

除了西游、东游之外，姚广孝还北游去过恒山、五台山等胜地。从时间上推算，那已经是洪武十五年他奉旨到北平之后的事了。而且他在多次南来北往的旅途中，游览了沿线的许多名胜古迹，如白起庙、淮阴侯庙等。

姚广孝如此热衷于出游，并非单纯的观览游玩。他曾说："游行未足乐，所乐新相知。"姚广孝更看重的是在游历中寻师访友，一方面能够结识志趣相投的文人雅士，扩大自身交际范围，使自己声名渐著。另一方面也能在结伴同游、来往唱和中增长识见，陶冶情操。如他在同里时结识了画师董仲职，探讨作画之法，大受教益，将之上升到"亦足以激励吾学圣人之道"的高度。正是这样一种坚持向学的心态，令姚广孝通过一次次的游历，得以不断成长。

壮士暮年　远赴北平

雄心未已

　　第二次东游因身体原因未能如愿完成，年岁渐大的姚广孝自感老之将至，日生焦虑。姚广孝四十七岁时，一位法弟以紫竹杖为寿礼，一方面是以紫竹杖的"虚而心，坚而质，直而弗阿"的君子之德誉其人品，另一方面也可能是其身体虚弱的表现。对此，他自己就说："余喜老有所倚也。"又在《莲华室铭》中说："兹年四十有八，死期将至，故痛自鞭策。"诗《惜春》中则说："柳上莺莺竞语，华边燕燕相追。人生不过百岁，人生能有几时？"可见其冯唐易老、时不我待的心情。

　　因此东游归来后，姚广孝完成了《诸上善人咏》和《净土简要录》两部净土著述，于洪武十四年（1381）印行。但他的心志显然没有完全放在佛学静修之上。他在诗中感叹："遇主故应难，何由树奇勋？白日倏而逝，青云志莫伸。"又自比深井边的幽草："自嗟生处偏，非是色不好。"可见其对自身才能的自信，以及未被赏识、大志难伸之郁。

事实上，姚广孝自十八岁正式剃度之后即游学湖海，四处求教，逐渐展露其学识渊博、雄才大略。好友王行很早就看出姚广孝的心怀大志，并断定姚广孝所思所为非在苟且一时，而在世人之上，不肯落于俗套。元至正二十五年（1365），姚广孝目睹老农泣于虫害之烈，写了一篇《斥牟文》，"为文以告田祖"，希冀得免其灾。研究者认为，这篇文章所指斥的不仅是田间虫牟，更是人间虫牟，展示了姚广孝不曾脱离社会现实的心态，也预示了他必然投身政治的前景。

有意思的是，这个阶段正是张士诚统治苏州的时期，正需要杰出人才前来辅佐。应当说，张士诚在苏州十多年的表现还是不错的，因此曾有大批文人愿为其效力。甚至在其败亡后，东吴地区还有很多人怀念他，至今仍保留着每年农历七月晦日烧"九四香"的习俗——张士诚小名九四。姚广孝的许多好友都是张士诚政权的座上客，包括著名的"吴中四杰"高启、杨基、张羽、徐贲等人。偏偏心有大志、着意功名的姚广孝没有参与其事，不由令人疑惑。而事情的发展，却又似乎验证了姚广孝的"先见之明"。张士诚很快败亡后，苏、湖一带曾与其有过来往的文人几乎都遭到朱元璋的猜疑与迫害。"吴中四杰"或是被杀，或是谪徙，均未得善终。

姚广孝得以避开日后洪武朝的这一危机，自然有其原因。张士诚占据苏州后，养尊处优，日渐奢纵，怠于政事，"上下嬉娱，以至于亡"。其招抚士人，也不过是博取虚名、粉饰太平之意，并未真正委以重用。因此，如王行、姚广孝这般年龄不过二十多岁，虽有才干却无名望背景的人，是难以获得张士诚青睐的。当时传有十七字童谣："丞相做事业，专靠黄蔡叶。一朝西风起，干瘪。"丞相即张士诚的弟弟张士信，他用黄敬夫、蔡彦文、叶德新三个平庸之辈共谋国事，到苏州城破时四人皆被杀，应了谶言。著名文人杨维桢就拒绝了张士诚的招揽，并在回信中预言纵无内变，必有外祸，高启等人后来也弃之而去。

此外，从情感角度而言，姚广孝对张士诚未必抱有好感。张士诚进据苏州的时候，对文人颇为礼遇，但对寺院僧人却屡有冒犯。他不仅自己推倒苏州承天寺大殿的佛像，以承天寺为其府第，还放纵部下军士对寺观庵院"分占而居"，给当地的佛教寺庙带来巨大的破坏。姚广孝出家的妙智庵也在这场变故中毁坏，庵中诸师先后逝去，无疑会影响到姚广孝的决定。这使得姚广孝在张氏占据苏州的十多年里，未与其发生任何瓜葛，也为他后来获取朱元璋的信任以取得更大作为留下了契机。

可见姚广孝不仅才识过人，而且其心志也异常坚定。面对久不得志的现实，姚广孝没有一味地怨天尤人。他对自己充满信心，认为"际遇会有时，何须重感激"，并以古之圣贤激励自己："所以故君子，安命乃为贤。"他也不屑于四处钻营："堂堂美丈夫，宁肯事干谒""不肯强涂抹，乞媚效里妇"。他在学问、人脉上积极作好准备，以待时机，等待一个能够委以重任、成就大业的机会。

拔僧入仕

这个机会，与明太祖朱元璋于洪武前期优礼高僧、拔僧入仕的政策密切相关。

出身草莽的朱元璋在元末群雄纷争中脱颖而出，得天下于马上，却不能治天下于马上，故以广罗治国人才为要务，遂生"乏人矣"之叹。盖因当时人才分布以江浙最盛，《明史》所记洪武时五十九位名士中，江浙一带竟占四十八席，但江浙文士集团中，除早期投效的刘基、宋濂等人外，大部分人对朱元璋的征召反应冷淡，采取不愿出仕的抵制态度。如大诗人杨维桢便是百般推脱，不肯应召，即使迫不得已去了南京，不到四个月就坚辞请归。

为解决这一问题，朱元璋于登位当年即洪武元年（1368）就下诏编修《元史》，以此为契机，兼获笼络人才的效果。纂修之处就在南京天界寺，这一决定颇有深意。该寺原名龙翔集庆寺，朱元璋攻克南京后改额"大天界寺"，后御书

"天下第一禅林"赐之，内设善世院为全国佛教最高管理机构，任命慧昙禅师统理全国佛教事务，天界寺就此成为时下高僧聚集和活动的中心。而当时江浙一带同样是高僧荟萃，江浙文人如宋濂、杨维桢等人均与僧缁之辈有密切来往，两者常常互为促进，相得益彰。这种密切关系，使朱元璋在对江浙文人直接征召不甚理想的情况下，转而考虑以高僧为媒介，逐步加以笼络。

不仅如此，朱元璋出身贫寒、曾为沙弥的经历，让他对名僧高道始终抱有好感，也令他对佛教在社会中信仰的普遍性和渗透力有着深刻了解。无论是作为一种思想文化形态，还是作为一种社会组织或人口的构成部分，融入中国思想文化之流而成为重要组成部分的佛教，都是不容任何统治者所忽视的社会存在。即位后，出于稳定政权的需要，加上当时较为浓厚的三教交融氛围，朱元璋多次撰写文章，发表谕令，意图调和儒、释、道三教，以期皆能为己所用。其中最具代表性的《三教论》，虽明确指出儒教为"万世永赖"之主流，但全文主旨在于阐明佛道二教"暗助王纲，益世无穷"的功效，强调三教对百姓"愚人"不可或缺的教化治世作用。当然，在实际操作中，朱元璋更偏向于佛教。

因此，朱元璋对当时高僧予以特别优礼，并来往频繁。据学者统计，洪武一朝高僧五十五人，有明确记载与朱元璋有过来往的就有四十人，其中江浙高僧竟达三十四人。朱元璋数次在南京蒋山举办大型法会，祈福、消灾并超度四海战乱中殁于非命的将士官庶，借助宗教的力量来安抚人心，巩固自己"真命天子"的地位，又以"备顾问"的名义征召天下名僧至南京各寺，常宣召僧人入宫谈佛论法。

当时明朝初建，百废待兴，正值用人之际，朱元璋自然也会充分利用僧人的身份和学识。一方面北元仍然势力颇大，新政权对周边地区的控制力不够。朱元璋借鉴元代以宗教羁縻外邦之法，遣僧侣出使各奉行佛教之地，行联络安抚之事。如高僧慧昙、宗泐先后出使西域，祖阐、克勤等二十八人出使日本，均有成效。另一方面，朱元璋专门撰写《拔儒僧文》《拔儒僧入仕论》，鼓励有真才实学的儒僧出山为新朝效力。这一拔僧入仕的政策，并不等同于洪武十四、十五年开始推行的健全僧官体系政策。僧官体系即授予僧人相应的官职、品秩和俸禄，任命出家僧人自行管理僧伽事务，履行朝会、考试提升等责任，实质上就是佛教事务的世俗衙门化。而拔僧入仕则是明确的入朝为世俗官员。洪武一朝以僧人身份入仕为官乃至成为一方大员的不在少数。如会稽僧人郭传，以文著称，由大儒宋濂举荐，为朱元璋召见，授翰林应奉，历任兵部主事、考功监令，后出为湖广布政司参政。姚广孝曾作《与郭考工书》，称赞其德才。如钟山寺住持吴印，"有文学，应诏陈言"，得朱元璋赏识，擢升为山东布政使，掌一省民政、赋税等事。又如瓦官寺住持克勤，洪武五年（1372）出使日本，洪武七年回国后受命蓄发还俗，于洪武九年出任山西布政使。

这些政策，对胸怀大志的姚广孝来说，无疑是天赐良机，但他并未能直接受益，其间自然是另有一番波折。

屡受征召

与消极应对的至交高启不同，姚广孝一开始就积极认同新生的朱明政权。这在他洪武初年西游淮楚的咏柏诗中有所流露："如何老大空山里，不与人间作栋梁。"

洪武四年，东游而归的姚广孝恰在朝廷举办法会、诏取高僧之列，可见未足四十岁的他已在佛教界有了一席之地，却因病重未能成行。

洪武五年春，大病初愈的姚广孝于庭院中见五色雀，友人认为是兆示其文章大进，姚广孝却另有想法，作《五色雀》，诗曰"野田饱粟纵高飞，他年伫看栖琼树"，以示其鸿鹄之志。

洪武八年夏，姚广孝等到了朝廷的第二次征召。朱元璋命通儒高僧入京，在礼部应试授官。结果姚广孝"不得官"，他则自称是"不愿仕"，两种说法自有出入。从他次年回苏州海云院重修净土法门的行径来看，或许此行对他影响颇大，以至于开始向往化生净土。

但也不能说他此行完全没有收获。在此期间他与各地高僧同住在天界寺，与师友们盘桓切磋，加深了彼此间的了解和友谊。如与他早有交往，在洪武五年（1372）蒋山法会上应召说法的完上人，两人相见，分外亲切，姚广孝后作诗《送完上人返武林》。又如以文著称，时"返初服，官于内廷"的郭传，姚广孝早年曾欲求见，却因战乱而未成，借此机会终得以遂愿。更为重要的是，姚广孝得以与元末明初著名高僧宗泐（lè）相会。

宗泐自少入寺，师承名师，学博才高。洪武四年，时为径山第五十五代住持的宗泐受召入京。而姚广孝曾于七年前随径山第五十三代住持智及禅师学禅，在径山至少待了三年。两人就算不是早有交情，有这一层关系在也会更为亲近些。洪武五年，宗泐受命于蒋山广荐法会上升座说法，后补逝于西域的慧昙法师之缺，于大天界寺中住持善世院事务。此时宗泐已是佛教界领袖，与姚广孝相会，更见亲热，此后两人多有音信往来，结下深厚友谊。

洪武九年春，姚广孝在天界寺等待半年后，结果只是朝廷赐以僧服，令其还吴继续为僧。这或许是姚广孝考试未过，或许是其自觉无功不受禄，或许是对朝廷授予官职不满意，又或许是情况变化令朱元璋没给所有高僧授官。当然还有一种可能，即前来应召的高僧们统一辞官。姚广孝自述说他与其他僧人"偕赴京师，陈情以辞，得不改形服而还旧业，同其志也"。这种说法在宗泐那里或可印证。朱元璋命"育发以官之"，宗泐不愿，希望终老佛门。可见，朱元璋授官有个前提，即还俗，这显然令众高僧难以接受。姚广孝就算功利之心再重，在这种情况下也不会违了众意，自毁名声。

对于此行，姚广孝作诗记行，有"自愧四体多疏陋，犹荷君王宠渥信"，"不仕还从禅子志，无才终荷圣君知"的自得之语。可见得以进入君王的视野，又与官宦、高僧交好，无疑是姚广孝拓展人生之路的重要一步，也增添了他成就事业的雄心。归途经北固山时，他又作《京口览古》以抒情怀：

谯橹年来战血干，烟花犹自半凋残。

五州山近朝云乱，万岁楼空夜月寒。

江水无潮通铁瓮，野田有路到金坛。

萧梁事业今何在？北固青青眼倦看。

其中第二句常被后人附会解读为靖难之变中建文遭难、国都北迁的预知谶言。但综观全诗，意境辽旷，志向高远，令与其同行的宗泐大为诧异并加以规劝："此岂释子语耶？"

姚广孝对此笑而不答。诗中如此强烈的入世抱负，显然与他出家僧人的身份相去甚远。不久后宗泐就奉旨出使西域，一去五年，于洪武十四年（1381）才回朝复命，没怎么帮得上姚广孝。姚广孝也就此有所沉寂，只是先后在临安普庆寺、杭州天龙寺、嘉定流光寺做住持。但以姚广孝的性格，显然不会甘于终老禅林，他只是在静待时机。

洪武十五年八月，机会终于降临。朱元璋患难与共的皇后马氏因病去世，朱元璋恸哭失声，不再册立皇后。各地藩王赶回奔丧，竞相表达孝敬之心，投朱元璋所好，请求父亲选派高僧随回藩国，以便继续为母后诵经祈福。悲痛异常的朱元璋大是欣慰，当即传旨僧录司操办。此时僧官制度刚刚颁行，原善世院改为僧录司，下设左右善世等职。而与姚广孝关系密切的宗泐恰任左善世，故接到推举高僧的旨意后便推荐了三人，其中之一就是姚广孝。九月二十四日，即马皇后入葬钟山孝陵之日，早朝时经朱元璋钦点，姚广孝被分发至北平（今北京），住持庆寿寺。只是此时的朱元璋绝对不会想到，这样一件不起眼的小事，竟会在种种因缘际会之下，演变为一场改朝换代的巨大风暴。

君王一纸诏书，令姚广孝只得告别故友，于十月初一就匆匆踏上了北去的旅途。从他这时的诗作可以看出，姚广孝当时的心情，既有"历尽风波艰苦际，无愁应只为宾王"的兴奋，也有"如何去万里，杳杳会面难""踌躇起归思，宁免泪沾巾"的忧愁。

只是无论心情如何，时年四十八岁的姚广孝，终于迎来了他人生路上的新起点。

北平生活

经过长途跋涉，姚广孝抵达北平时已是洪武十五年末的寒冬时节。此时的北平及周边地区尚未从战火毁坏中完全恢复过来，正在消化吸收大量外地移民，又是作为对抗北元的军事重镇，因此呈现一片凋敝的景象，与繁华江南形成强烈反差。离师别友，孤身远赴这苦寒之地，其中愁苦，再豁达的人也难以完全排遣，只是姚广孝并未纠结其中，很快调整好自己的心绪，开始了在北平城中的新生活。

此次他所住持的庆寿寺，乃是城内著名宗教圣地。寺中两座高塔为其标志性建筑，是为纪念元初高僧、寺中住持海云法师及其得法大弟子可庵所建的。任住持前，海云曾觐见过尚未即位的忽必烈，偕行者正是元大都乃至元王朝的设计者刘秉忠。后海云被封为国师，统领全国佛教。营建大都时，元世祖忽必烈特意修改原先城墙规划，将二塔环于城内，可见庆寿寺的地位。明初大都改为北平府后，庆寿寺成为城中众僧祈祝聚集之所。

直到朱元璋去世，姚广孝在北平待了约十六年，其间活动情况记载较少。从其诗作中推测，除了完成职责，主要是游历交友。其职责就是完成朱元璋交代下来的宗教任务，即为已故马皇后诵经、念佛、修斋以及主持特定节日时的佛教仪式。而姚广孝早年好游的性格，并未因环境改变而改变。北平景物虽不如苏杭之秀丽，却也有自己的特色。

城中古迹有全真教领袖丘处机曾主持的白云观，有文天祥被囚处所立的文丞相祠，这些姚广孝都曾多次瞻拜。而城内的黄金台，虽非战国时郭隗劝燕昭王筑台以黄金招贤的旧址，却因据城中之地利而知名，更有唐代陈子昂一首苍凉沉郁而大气磅礴的《登幽州台歌》而成隋唐以后燕地最著名的人文胜迹。姚广孝登台感怀，于《燕台驿》中借前代典故宛转表达求进见用之心："黄金未足贵，所贵待士心。"

北平还有姚广孝素所仰慕的刘秉忠之墓，就在卢沟桥畔，至明朝中期才迁回其故乡邢台。刘秉忠出身官宦，青年弃官出家，法名子聪，因博学多才，擅长诗文，三十岁不到就经海云法师的推荐，为忽必烈所赏识器重，为其出谋划策，参与机要，商议军国大事。他负责营建上都开平，三年而成。元至元元年（1264），他受命还俗，赐名秉忠，官拜光禄大夫，位太保，参领中书省事，负责设计草定国家典章制度，为一代成宪。至元四年，他负责主持燕京新城的修筑，按照儒家《周礼·考工记》中设计都城的理想，规划兴建了元大都，为后来北京城的建设和发展奠定了基础。至元八年（1271），又取《易经》中"大哉乾元"之意，奏请忽必烈改国号为大元。至元十一年，刘秉忠去世，后世不断加封，于元仁宗时谥文正，进封常山王，乃有元一代汉人中的极致。对于这样一位僧人出身的杰出人物，姚广孝早已心生向往。早在去吴县嵩山寺游历之时，所遇著名相者袁珙就预言："公，刘秉忠之俦也，幸自爱。"又别有记载说："是何异僧！目三角，形如病虎，性必嗜杀，刘秉忠流也。"姚广孝对此评价大喜。后世李贽、朱彝尊等人都有姚广孝以刘秉忠自命的说法，认同两人的相似性，甚至有其在梦中与刘秉忠交流的奇谈。事实上，仔细考察两人的性格、志向、身份乃至经历后，确实可以发现姚广孝"酷类其人"，包括住持庆寿寺一事，刘秉忠是寺中第十八代住持，而姚广孝为第三十三代。这种巧合不得不给人以冥冥自有天意之感，因此也就不难理解姚广孝在其谒墓诗中所表露的崇敬仰慕之情，以及他自比于刘秉忠的志向和自信："一朝风云会，君臣自心腹""残碑藓蚀文章旧，异代人传姓氏新"。

北平城外西南不远的楼桑村，因有桑若楼而得名，乃三国蜀汉先主刘备故里，地处燕南要冲，往来文人多会慕名前往。姚广孝曾作诗赞美其地风俗淳厚，尤其感叹刘备等人：

"英雄为时出，功德被生民。邈焉千载后，遗庙今尚存。"此外，周边的拒马河、居庸关等军事要地也留下了姚广孝的足迹和诗作。这些游历，不仅让姚广孝充分领略了燕地的风土人情，也使他对周边山川要地有了直观的了解，对其后来的决策谋划或许不无裨益。

姚广孝毕竟公务在身，曾与好友袁珙等人同游过西山佛教圣地小西天，即著名的房山云居寺石经所藏地，不过在洪武二十一年又奉旨去了一次，并作纪事诗及长序《石经山并序》于华严堂之壁。诗中盛赞石经创始者隋代静琬法师的护法之举，向往之情流露笔端："大哉弘法心，吾徒可为则。"

公务也令其多次往返于南北之间，难与友人共享休闲之乐，甚至有中秋时还在赶回北平途中之事。苦中作乐的他借机游览了古长平战场上的白起庙，对兵法韬略甚感兴趣的他，对建立丰功伟业的白起有惺惺相惜之感。念及一代英雄功业不再，姚广孝只得感叹世事无常："古来成败不须论，邯郸梦断黄粱熟。"他还游览了河北井陉的淮阴侯庙，此乃为纪念在井陉口大破赵军的韩信所建。置之死地而后生的韩信背水一战，一个早上击溃七倍于己的强敌，战后又"兵不血刃而赵人归汉"。对于这样一位英雄人物，姚广孝自然满心仰慕，对韩信后来遭忌杀的命运充满同情："可怜千载难言事，都作松风涧水声。"他在另一首诗中将矛头直指汉高祖刘邦："何事郏侯疑叛逆，杀身惟恨汉高皇。"此时高启、徐贲等众多好友因洪武酷政纷纷屈死，姚广孝睹物思情，极有可能是借此暗讽朱元璋屠戮功臣，却不知这是否就是令姚广孝寻机反抗朱元璋之安排，积极推动靖难之变的原因之一。

相知朱棣

对于姚广孝来说，在北平逐渐与燕王朱棣建立起信任关系，才是令其得以建立一系列功业的真正决定性因素。这一点常为后人所特别关注。

后世不少人认为，早在洪武十五年姚广孝分发北平府之前，两人就有了私下往来。且姚广孝看出燕王朱棣英武冠世，欲"奉白帽著王"，即辅佐朱棣日后为皇，朱棣遂设法请从，得之大喜。种种说法大体相似，只是在两人初次接触时间的看法上各有不同，《明史》记为洪武十五年姚广孝受召之时，查继佐认为是在燕王藩邸即朱棣二十一岁就藩之后，李贽认为是就藩之时的洪武十三年，童时明认为是洪武八年姚广孝应召入京时，更离谱的是高岱甚至上推至朱棣得封燕国的洪武三年，此时朱棣才只十岁。

事实上，朱棣就藩北平前与众皇子一起留居中都凤阳。从两人的经历来看，直到洪武十五年两人俱在南京，之前在时间上、地点上都难有交集。而从马皇后去世到姚广孝孤身北上，也就一个多月的时间，两人不太会有充分交流的时机。纵然两人曾私下见面，先不说姚广孝是否具有"一眼识真主"的相术，此时的两人是否敢如此张狂露骨、大逆不道呢？洪武元年，朱元璋就已确定了长子朱标为太子，尽心栽培，极为强调君臣名分，不许其他皇子有非分之想。且朱元璋设置的密探检校遍布内外，缉查大臣、官吏，严酷厉刑，连文臣之首宋濂、开国元勋李善长也莫能幸免，闻之色变。对于姚广孝来说，他敢不敢这样交浅言深？对于朱棣来说，他敢不敢如此推心置腹？现实情况对两人无疑是巨大的考验，稍有不慎便会粉身碎骨。以姚广孝的才识心志，未必会如此莽撞。而此时的朱棣尚无足够的名望和实力，纵有僭越之心，也必然深藏不露，对此狂语怎可能不惕然自警，避之不及？要知道，朱元璋的检校不仅有文官武将，还有和尚，吴印、克勤等人就因察事有功而还俗授官。

姚广孝在北平期间，有两件对朱棣影响重大的政治事件。一件是洪武二十三年（1390）朱棣首次受命率师北征，得胜而归，表现出过人的勇气、毅力和军事才能，名气和声望得到迅速提升，军中威望渐重。另一件是洪武二十六年的"蓝玉案"。皇太子朱标刚于前一年病逝，朱元璋猜疑之心加重，为皇太孙朱允炆的顺利即位扫除障碍，将当时掌持北方军务的大将军蓝玉以谋逆大罪处死，牵连甚广。加上之前的屠戮，曾为其谋夺天下的元勋宿将所剩无几。燕王朱棣成为这一事件的最大受益者，不仅得以进一步掌握北方军权，借机扩展势力，也令中央朝廷少了一位大将，为其日后靖难之役的胜利埋下了伏笔。

因朱棣与蓝玉本有旧隙，又是最大受益者，极可能也是"蓝玉案"的积极推动者。但要说这是朱棣与姚广孝密谋发动主导的事件，则有些牵强。这两件大事，并未有姚广孝参与其中的痕迹。应当说，要打消朱棣的戒心，成为其无所不谈、信任有加的亲信，需经历一个漫长的过程。后世笔记对这个过程多有附会演绎，或称两人一见如故，或称姚广孝洞悉朱棣雄心，或称姚广孝以占卜之术打动朱棣。种种说法，无非借此神化姚广孝的先见之明，或是指责姚广孝与朱棣早怀不臣之心。

实际上，入主庆寿寺之后，博学多才、声誉颇隆的姚广孝确实会得到朱棣的尊敬和厚爱，但刚开始应只是一般的尊师重道。到洪武二十三年（1390）的时候，相者袁珙经姚广孝引荐于燕王，但未受重用，被礼遣返乡，可见姚广孝虽能在朱棣面前说上话，但还无法起决定作用。大约洪武二十五年，姚广孝曾奉旨往返于南北，"艰难不惮归燕地，因感亲王宠顾优"，可见此时他与朱棣关系已颇为密切。但直到洪武三十年前后他仍是一副"人间事业任茫然""人老不复壮"的郁郁不得志的老者形象，并没有表现出受朱棣信任，得以共同密谋大事的兴奋。

显然，只有通过长期的交往，两人才由相识而相知，才能达到"出入府中，踪甚密，时时屏人语"的亲密程度。直到朱允炆登基为帝后，两人才真正生死相托，共谋进退。

靖难师起　厥功至伟

建文削藩

朱元璋曾以封藩为平生得意之事，却不承想这恰恰是姚广孝能够辅佐朱棣成事的基础。

为确保朱氏王朝永传不替，朱元璋一方面大肆屠戮功臣，另一方面为其二十多个儿子建藩封王，以巡边守塞，拱卫中央。尽管各地藩王不得干预地方民政，却握有地方军事大权，不仅直接拥有少则数千、多则万数的护卫精兵，还能调动指挥地方守军。连朝廷调发这些守镇军也要先知会藩王，并须经藩王颁令下旨。因此各地藩王可谓据要地，拥劲卒，势力极大。众藩国中，又以军事任务最重的秦、晋、燕北疆三藩力量最强，后演变为晋、燕并立，全权负责北方日常军务。

朱元璋注意到了诸藩实力均衡的问题，于洪武二十六（1393）年封十七子朱权为宁王，军力之盛，仅次于晋、燕。朱元璋试图借此令强藩之间彼此忌惮，互相牵制。但是已然年迈的朱元璋并没有真正重视这个问题，或许是过于相信自己的安排，或许是对朱棣太过信任，又或许是时间已经不够，素来多疑的他此次却没有对身后局势作出妥善布置。洪武三十一年闰五月，在颇为敌视燕王的晋王死后两个月，七十一岁的朱元璋也病重去世。

若说燕王朱棣有拥兵自重、扩展势力之心，未必有假。但要说他早就密谋觊觎皇位，则多出于后世私人杂记，难有确凿史料。所谓非分之想，至少在他于北方军中站稳脚跟之前都不太现实，且于情于理他都无法与具备大义名分的太子朱标抗衡。直到自身实力大增，才让他看到一线希望，此时已经是洪武二十三年之后，其野心才渐渐显露。据相者袁珙自述，洪武二十三年九月他由好友姚广孝引荐于燕王时，看出其"太平天子"之相，并作出了"年四十当登大位"的预言，以坚其志。陆容也记载说，曾听父老之言，燕王本无此心，袁珙启之。洪武二十四年朝鲜使臣赵浚经过北平，看出燕王志向远大，不只在于外藩。后太子朱标病逝，因军功才干颇受朱元璋重视的朱棣登基希望大增。但最后却是朱元璋依据嫡长子继承制，直接定下朱标之子皇太孙朱允炆为皇位继承人。这个结果显然令朱棣大失所望，心怀不平。

朱允炆即位前就对各地藩王萌生了防范之心，他曾问朱元璋："诸王不靖，孰御之？"朱元璋默然良久，反问朱允炆之意。朱允炆早早谋划了对策，令朱元璋亦点头称是。但朱允炆始终有所畏惧，心中无底。这促使他刚即位不久就决意针对藩王各拥重兵、外强内弱之势，由谋臣黄子澄、齐泰负责削藩。

此时燕王朱棣已是一枝独秀，居诸藩之首，成为削藩的最大目标。有臣下提议建文帝朱允炆效仿汉武帝之"推恩令"，使各封地越分越小，逐步削弱藩王势力。齐泰则主张先难后易，直指燕王，顺势而下，以竟全功。而黄子澄却认为燕王有功无过，先动他会在舆论上不利，遂提议先易后难，从相对弱小又有不法之行的藩王着手，首选目标就是朱棣的同母弟弟周王朱橚，意图剪除朱棣手足的同时设法将其他藩王牵连进来。建文帝希望速战速决，却又畏于燕王之威势而不敢直缨其锋，故采用黄子澄的所谓稳妥之策，但这无疑会给燕王朱棣留下足够的反应时间。洪武三十一年（1398）下半年，从周王开始，岷王、代王、齐王、湘王相继被削。之后进一步图谋燕王时，建文帝虽因朱棣的陈情略有动摇，但已是箭在弦上，势在必行。朝廷于十一月置换北平各军政大臣，任张昺为北平布政使，谢贵为北平都指挥使，张信为都指挥金事，并赋予图谋燕王的使命。又于次年三月抽调燕府悍将精兵以削弱燕王军力，并在开平、临清、山海关等要地驻兵，逐步加强对北平的控制。

朝廷这些接二连三的举措，所给理由看起来冠冕堂皇，大义凛然。但对于久经沙场、政治嗅觉敏锐的朱棣来说，岂会不知其背后的真正用意？面对朝廷的步步紧逼，朱棣显然不会坐以待毙，他决意背水一战，起兵"靖难"。这对已经六十四岁高龄的姚广孝来说，正是他等待已久、能够一展其雄才大略的最后机会。

决策"靖难"

在明初这场天下易位的重大变革中，姚广孝无疑扮演了举足轻重的角色。各种史料都记载，朱棣在考虑对策时，曾与姚广孝密议，最终下定决心。一方面，是由于姚广孝确实才识过人；另一方面，则是朱棣虽在军中权势颇大，战将如云，但值得信任的文臣谋士屈指可数。

虽然无法确知朱棣何时决意起兵，但世皆公认，姚广孝就是促成这一事件的关键人物，由此衍生种种神秘说法。传说朱棣曾出一上联："天寒地冻，水无一点不成冰。"姚广孝对之曰："国乱民愁，王不出头谁是主。"语带双关，正合燕王心意，遂以为心腹，密谋大事。又有说五藩被削后朱棣让姚广孝占卜将来命运，姚广孝取来铜钱让朱棣默祝后掷于案上，看后对朱棣说："殿下欲为帝乎？"朱棣否认："何妄言！"又掷，结果不变，即言天命所在。还有说姚广孝引来相者袁珙、卜者金忠为助，以相术占卜之法坚定朱棣的信心。

这些说法未必确切，如相者袁珙当时实际上并不在北平，但也能反映出一些东西。在当时社会文化中，卜筮、相术等方术对于个人命运、易学研究、社会现象乃至国家统治都有着普遍而特别的意义，具有相当的社会基础。尤其在面临前途未明、吉凶未知的时刻，人们往往会自觉或不自觉地借助这些神秘方式来寻求某种帮助和寄托。姚广孝交游广阔，掌握一些占卜之术不足为奇，何况"掷钱求卦"只能算是比较流行的简易之法。因此，在当时局势下，姚广孝应当会利用自己僧人的特殊身份，通过占卜、相面、谶言等神秘方式来展现某种神通、天意，以劝说朱棣早下决断。有记载说，朱棣还在犹豫："民心向彼，奈何？"姚广孝应之："臣知天道，何论民心。"这种说法或许会给人以姚广孝冷酷无情的印象，但对于仅仅是需要一个理由的朱棣来说，确实是个有效的说服方式。

姚广孝采用这样特殊的说服方式，并不是简单的故弄玄虚。他之所以如此坚定，不在于所谓的上通天命，预知未来，而在于他对当时局势有着清醒的认识和判断。他分析，建文帝忌惮藩王，已找借口削了五藩，更不会放过势力最强、威胁最大的燕王朱棣；而燕王有着自己的优势，据北方重镇，拥精兵强军，当攻略山东、河南以成高屋建瓴之局，顺势而下，莫可抵御。若让建文帝占了先机，全力攻燕，莫说轻松应对，恐怕是败局已定。这样切中时宜的精辟见解，正对朱棣的心思，加上神秘的天命之说，势必会打动朱棣，促使其早作决定。

至于姚广孝辅佐朱棣决策的时间，显然不会像后世笔记杂著中所记载的那样早。或许朱棣早有谋位之心，也曾有所准备，但其真正下定决心，开始谋划具体行动的时间，不会早于朱元璋去世。最大可能，是在洪武三十一年（1398）建文帝正式将"削藩"之策付诸实施之后，朝廷下诏让朱棣"议周王罪"前后。此时朱棣深知其中敲山震虎之意，开始与姚广孝等亲近之人商讨对策。

在给朝廷的回奏中，朱棣为胞弟周王求情，言辞恳切，却又话中有话：既借隐言周王并无反迹之机为自己辩护；又抬出"祖训俱在"暗示太祖尸骨未寒，莫要妄改成制；更以天地祖宗的名义，隐隐威胁建文帝不得恣意妄为。这篇陈情书不卑不亢，有理有节，竟曾让建文帝心中动摇，延缓了局势的迅速恶化，为朱棣争取了宝贵的时间和道义上的筹码。此时朱棣所能倚信的文人很少，擅长诗文的姚广孝极有可能参与了这篇文章的撰写。

不管具体情况如何，姚广孝成为襄助朱棣作出决策的首要人物，是毋庸置疑的。后来朱棣在追思姚广孝功绩的《御制荣国公神道碑》中就说："广孝于时，识进退存亡之理，明安危祸福之机，先几效谋，言无不合。出入左右帷幄之间，启沃良多。"《明史·姚广孝传》中指出："帝在藩邸，所接皆武人，独道衍定策起兵。"又赞："成祖奋起方隅，冒不韪以争天下，未尝有完全之计也。乃道衍首赞密谋，发机决策。"可见姚广孝在决策"靖难"中的策划、推动作用。

准备筹划

作出起兵的决定后，朱棣面对不断恶化的局势必须作出积极回应。尽管朱棣掌握着北方军事大权，军中势力颇为雄厚，但毕竟是以一方之地对抗中央朝廷。占据了大义名分的朝廷可以光明正大地作出针对性部署，不断削弱朱棣的力量，步步紧逼。不甘束手就缚的朱棣，在姚广孝的辅佐下，采取了一系列应变措施，逐步化被动为主动。

首先就是深居简出，通过装病示敌以弱，既麻痹对手，赢得缓冲时间，又可避免朝廷耳目的侦察探视，以便暗中行事。更重要的是，朱棣的三个儿子尚在南京为质，不利于行动。故朱棣借口病重，请求朝廷让三个儿子北归，于情于理都说得过去。而朝廷居然天真地以为自己的行动尚未惊动朱棣，为"以示不疑"而任由三子脱离掌控，令朱棣大喜过望："吾父子复得相聚，天赞我也！"实际上，朱棣早年就曾装病避过晋王的打击，如今已是驾轻就熟："王佯病，盛暑拥炉坐，呼寒甚。"更有记载："乃称疾，佯狂，走市中夺食饮，语言错乱。或卧土壤中，晕仆者弥日，冀幸无事。"这就完全是一副癫狂的精神病人形象了，显然是后世夸张之论。不过并不是所有人都会被这一假象所蒙蔽。如身为燕府长史的葛诚，洪武末曾回京奏事，将燕府中的情况据实以告，这次又揭破其中隐情，提醒掌控北平军政大权的张昺、谢贵："王实无病，将为变。"

其次，朱棣"密与僧道衍谋，令指挥张玉、朱能潜纳勇士八百人，入府守卫。"本来按照朱元璋的设计，各藩王均有自己的王府护卫，早在朱棣就藩北平时他已有侍卫将士五千多人，后又有所增益。但此时燕王府的护卫精兵已受朝廷的抽调和削减，所余不多。而且朱棣虽在北方各军卫中有不少亲信，掌握相当的军事力量，但却是散布各处。在北平城中，朱棣所能够直接指挥的军士相当之少。面对北平城中敌强我弱的紧迫局势，莫说远水不解近渴，朱棣也不敢大张旗鼓地调兵遣将，落人口实。燕王府中自然人心惶惶，关键时刻所余护卫未必会完全听从差遣。朱棣必须保证手上有一支值得信任的人马，以作应变。故而朱棣"阴选将校，勾军卒，收材勇异能之士"是必然之举，并托付于姚广孝、张玉、朱能等心腹。燕王府乃元旧宫改建，宽阔深邃，故由姚广孝负责"练兵后苑中"。

再次，建造密室，锻造兵器。燕王府共有官殿房屋八百多间，可以轻易容纳八百勇士而不易显露。但这些人是偷偷分批潜入，不便携带大型长兵器，故急需秘密锻造。朝廷耳目正严密监视着燕王府，稍有异动，必被察觉。为防锻造之声传到府外，姚广孝利用多孔墙体吸声的原理，设计建造了具有隔音效果的锻造密室。《明史》中有记，姚广孝在燕王府中"穴地作重屋，缭以厚垣，密甃翎颜瓶缶，日夜铸军器，畜鹅鸭乱其声"。此事于其他史料也多有记载，明末科学家方以智在其《物理小识》中揭示了其中奥妙。姚广孝一方面采用重屋、厚墙的普通消声之法，并以鹅鸭的聒噪进行干扰；另一方面，将瓶、缶等空腔物体密集砌于墙体内，瓶口朝向屋内，声音进入瓶中，经多次反射而衰减，"声为褒所收也"，从而达到吸声消音的效果。事实上，空腔固体"虚能纳声"的效果早已为人所识，战国时的《墨子》、宋代沈括的《梦溪笔谈》以及宋代张耒的诗作中都有相关记载，具体应用则如军事上用以远距监听的地听器，取其贴近倾听时声音放大之效。姚广孝博学好文，对这些记载和传闻当有所接触，并从中获得灵感，另辟蹊径，建成世界上有确切记载的第一座隔声建筑。

这些措施事关朱棣的生死存亡，又都只能在隐秘中进行，可见主持其事的姚广孝所受之信任。姚广孝正是凭借多年积累而来的学识，使自己无论在战略大局上还是实际操作中，都能得心应手，在这样一个关键时刻发挥了重要作用。

"靖难"兵起

不管行动再怎么小心，总无法完全掩过有心人的耳目，"久之，事益露，上变者日盛"，朝廷所掌握的情况越来越多。

建文元年（1399）初，刑部尚书暴昭巡访北平时就察觉到异状，告知朝廷早作准备。之后兵部尚书齐泰逮捕了赴京办事的燕府护卫百户邓庸，获得燕王将举兵的口供。张昺、谢贵见燕王称疾不出，知其必有变，便部署城内七卫和城外屯田的军士把守住九座城门，并与燕府长史葛诚和护卫指挥卢振约为内应。到了六月，燕山护卫百户倪谅向朝廷告密。于是朝廷处死了王府官校于谅、周铎等人，又遣内使持诏书赴北平，索要、逮捕燕府官校以治罪，并密令张昺、谢贵、张信等人伺机而动。七月初四，北平布政使张昺、都指挥使谢贵开始调兵入城，设木栅隔断燕王府的端礼等四门，围于府墙之外，甚至有"飞矢入府内"。

形势如此危急，已是一触即发。所幸都指挥佥事张信受朝廷密令后，在母亲劝说下，反而投向朱棣，给了朱棣最后商议对策的时间。燕府众人都认为在当时情势下，敌众我寡，不宜正面对抗，当用计取之。护卫指挥副千户朱能提议诱杀张昺、谢贵两位大员，姚广孝则进一步谋划了将计就计之法。他认为，既然朝廷遣使来缉捕燕王府的官属，说明朝廷还只是想削弱燕王实力，未必有立即直接向燕王下手的准备，因此"可悉依所坐名收之。即令来使召晟、贵，收所逮者。如此晟、贵必来，来则缚之，一壮士力耳"。

据记载，"靖难"前夕，燕王府商议之时，还有一段突发的小插曲被姚广孝借机利用。由于事关重大，众人密议时心中都比较紧张。忽然间屋檐上的瓦片坠地而碎，不仅将众人吓一大跳，更给众人带来了巨大的心理压力。正当商议谋位大事的关键时刻，无缘无故掉下大片檐瓦，仿佛上天给屋中患得患失的众人以"瓦碎"之凶兆，令朱棣心中极为不快。姚广孝却处变不惊，反而向朱棣道喜，说这正是天降吉兆，大事必成。朱棣不信，毕竟发生这种事不往坏处想就不错了，又如何能与吉兆联系起来？姚广孝从容应对："天意欲殿下易黄瓦尔。"按明代定制，根据身份级别的不同，车马服饰、宅第建筑都要遵循相应的标准，其中黄瓦为皇宫专用，藩王亦不得僭越。因此，姚广孝将坠瓦之事与"易黄瓦"联系起来，顺利化解了当时窘境，巧妙地转变了众人的心态，于是"王乃喜，是日谋乃定"，依姚广孝之计行事。

布置妥当的朱棣先发制人，"伪缚官校置廷中，将付使者，绐晟、贵入"。张昺、谢贵对此将信将疑，只是己方占据了上风，这种时候又确实需要自己出面，最终还是被诱入燕王府内，"至端礼门，为伏兵所执，俱不屈死"。张玉、朱能等将领乘对方群龙无首之机，率死士杀出王府，当日夜里夺下北平九门，三日内完全控制了整个北平城。

七月初七上午，初战告捷的朱棣召集亲信将士，正式誓师。他援引朱元璋授权藩王领兵除奸的"祖训"，指责建文帝信用黄子澄、齐泰等"奸臣"，打出"奉天靖难"的旗号，朱氏叔侄之间的靖难之役正式爆发。事实上，按照《皇明祖训》原文，未得天子密诏之前，藩王讨奸也只能"训兵待命"而不得径自发兵，这才是朱元璋封藩建制的核心。朱棣断章取义，刻意曲解，只是为自己之后的军事行动寻求道德大义上的支持。但这么做很容易被人揭穿，以致影响军心士气，因此朱棣心中还是有些发虚。

正当一切就绪，朱棣准备登台誓师的时候，突变顿生。

刚才还万里无云的晴朗天空，忽然间乌云密布，咫尺难辨，随即就是电闪雷鸣、暴风骤雨。如此的天气变化在夏天还是比较常见的，但恰巧发生在这种时刻，不得不使众人平添疑虑：天公如此不作美，是否是天示不祥，预示着大事难成？此时姚广孝又展现其应变之能，镇定以对："飞龙在天，风雨从之，元吉。"他将风雨之变解释为"真龙"将要出世，昭示着朱棣才是"真命天子"。仿佛是要印证姚广孝所言，不久天气好转，东方露出少许蓝天，阴云缝隙处阳光如烛，洞彻上下。如此奇景，令"将士皆喜，以为上诚心感格也"。由是军心大振，誓师大会收到良好效果。

在这些突发事件中，姚广孝所表现出的过人机智给朱棣留下了深刻印象。《御制荣国公神道碑》中朱棣便赞赏了其"识察天运，言屡有验"的特殊贡献。或许今人看来，"天运"之说有些牵强甚至荒谬，但这里面所真正表现出来的，是饱经世故、阅历丰富的姚广孝对人心的有效把握和对局势的准确判断。

协守北平

朱棣起兵"靖难"时，只据北平一隅，朝廷在各方面都具有压倒性的优势。朱棣采取内线作战之法，首先扫平了北平外围，排除后顾之忧，又在八月的真定之战中击败老将耿炳文所率的十三万大军，迫使建文帝听从黄子澄的建议，换用毫无实战经验的曹国公李景隆。尽管朱棣认为李景隆犯了兵法五忌，"赵括之败可待矣"，但毕竟对手坐拥五十万军队，又是全力北上，直捣北平，稍有不慎，则满盘皆输。权衡之下，朱棣决定尽撤沿途守军，由世子朱高炽负责全力防守北平，自己则率主力赴援永平，袭取大宁，以应对起兵之后的最大危机。

姚广孝此时已是六十多岁高龄的老人，年高体弱，不宜随军出征。朱棣也需要一个威望、忠诚与才干兼具的亲信，辅佐世子朱高炽坚守北平，姚广孝无疑是最佳人选。同时留下承担防守重任的还有原北平左布政使郭资。郭资出身文士，在北平任职多年，长于地方行政事务，主要负责人力调度、粮草筹集等要务，长于军务谋略的姚广孝则主要负责为朱高炽出谋划策。这种安排有效发挥了两人的作用，在北平守卫战中起到了良好效果。

九月十九日，朱棣率主力东征。李景隆随即率大军一路北上，于十月直趋北平城下，成合围之势。五十万大军在城下不能完全施展开来，李景隆只动用了一部分军队攻城，主力则养精蓄锐，以待朱棣主力。但仅这一部分也给了孤城北平巨大压力。尽管有坚城高墙之地利，但此时北平城中的守军仅万余人，双方兵力相差数倍甚至十数倍，使得守城之战极为艰苦。在南军强攻之下，北平各城门危机频现。危急之时，连燕王妃徐氏都亲率妇女登上城头抛掷瓦石，助战厮杀。当时负责攻打张掖门的南军都督瞿能及其儿子骁勇善战，亲率精骑突击，几乎攻下城门。这是南军最为接近胜利的时刻，但后援没有及时跟上，只得暂止。李景隆又忌才贪功，下令要求瞿能等待大部队一同进攻。如此错失良机，可见李景隆之无能。

与此对应的，则是姚广孝的殚精竭虑，智计百出。史籍记载："公（姚广孝）及郭资等日夜守御，辑拊兵民。南兵再攻城，设伏截其后，城上呼噪，伏发，急开门夹击，大败南兵去。有夜縋死士下城劫南兵，或遣数十人远伏草莽间，夜举火鸣炮，罢南兵不得休息，辄出精兵奋击败之，尽焚九门诸栅寨。"可见姚广孝不仅仅和文官一起抚慰民众，稳定军心，还在具体战术布置上迭出奇招：或是在城外预设伏兵，待敌军攻城时内外夹击；或是以绳索送死士下城，趁夜色劫杀敌兵，令敌军人人自危；或是遣人出城潜伏，于夜间作为疑兵，令敌军一夕数惊，不得安宁，然后趁机以精兵短促突击，焚毁敌方营寨。

姚广孝这些灵活多变、出其不意的骚扰战术，令李景隆非常头痛，却又想不出应对之策，只能让士兵日夜拿着兵器放哨警戒，小心防范。此消彼长，南军的人数优势难以发挥，速攻不下，双方陷入胶着状态。时值寒冬，天降大雪，军中准备不足，导致冻死冻伤者甚多。李景隆如此不恤士卒的做法，必然使得士气低迷。反观北平守军，则是勠力同心、上下听命，由此攻守之势渐渐发生了逆转。坚守北平二十多天后，朱棣率主力回师，内外夹攻之下，师老兵疲的南军转瞬间土崩瓦解，北平之围遂解。

作为朱棣首要谋臣，姚广孝不负重托，在北平之战中发挥了重要作用，成功地协助世子朱高炽坚守住了北平。如果说，此前的定策起兵中，姚广孝所展现出来的主要是机敏善辩、学识渊博的文韬，那么在此次真刀真枪的生死相搏中，则又展现出了他临阵应变、克敌制胜的武略。遇疾风而知劲草，危急时刻姚广孝的亮眼表现令朱棣益发看重。在长达四年的战争中，朱棣基本上都是让姚广孝留在北平辅佐朱高炽，以保证后方根据地的安全，使自己无后顾之忧，能够专心于亲率主力在外征战。这不仅是朱棣对姚广孝的信任，也是对其能力的肯定。

运筹帷幄

留守北平，并不意味着姚广孝就此淡出征战在外的朱棣的视野。由于朱棣常年掌军，结纳者如张玉、朱能等人多是行伍出身，长于冲锋陷阵，而短于战略运筹。而之前姚广孝表现出了"妙识几先"的卓越才干，理所当然地担负起战略部署的重任，成为"运筹于帷幄之中，决胜于千里之外"的谋略者。

永乐二年（1404）三月，朱棣论功行赏，赞扬姚广孝："朕起兵定难，尔与有帷幄之谋。"之所以这么说，是因为"成祖军中，有闻见异事及兵进止，辄缄书飞骑问公，条答附去，并中机适"。《明史》中更进一步指出："及帝转战山东、河北，在军三年，或旋或否，战守机事皆决于道衍。道衍未尝临战阵，然帝用兵有天下，道衍力为多，论功以为第一。"也就是说，即使朱棣率军在外，谋划重大战事时基本上都要与远离战阵的姚广孝商议，依据其意见来决定是战是守，是进是退。这些史籍资料，都对姚广孝在战略决策方面所起的作用给予了充分肯定。

北平之战后，败逃的李景隆又在德州重新集结。为骚扰李景隆，建文元年（1399）十二月，刚休整了一个月的朱棣又出师西向，佯攻大同，迫使李景隆在冰天雪地中空耗军力。直到建文二年四月，南军集结了六十万兵力，再次北进。四月二十日，朱棣率军南下，渡过拒马河。此夜突降倾盆大雨，"平地水三尺，及王卧榻"，并显异象："兵端火光如球，上下相击，金铁铮铮，弓弦自鸣。"这种极端的天气变化在四月的河北并不常见，朱棣为此心神不宁，坐到天亮，令快马飞骑将异象告知姚广孝，询问吉凶。姚广孝的回答令朱棣安下心来，在随后的白沟河大战中，虽迭遇劲敌，但在奋勇拼杀之下，再次击溃南军。

随后朱棣挥军进占德州，一路南下，于五月十五日包围了重镇济南。不料济南守军在山东右参政铁铉、参将盛庸的率领下，众志成城，誓死守卫。燕军虽日夜猛攻，却历时三月未有进展，劳而无功，进退两难。其他南军已开始筹划反攻，准备截断朱棣的北还后路。远在北平的姚广孝看出形势危急，果断写信给朱棣，称："师老矣，请班师。"力劝朱棣及时放弃攻城，抽身而退，避免更大的损失。

八月十六日，朱棣撤军。南军乘胜追击，收复德州，一时士气大振，重新部署后再次对北平形成钳击之势。而北平方面则未能从失利阴影中摆脱出来，连姚广孝亦承受着巨大的心理压力。他于九月九日重阳节时作诗感叹："八月中秋不玩月，九月九日不登山。可怜时节梦中过，谁对黄华有笑颜。"可见其沮丧无奈之情。

为扭转颓势，遏制南军北上，十月下旬，朱棣以"暗度陈仓"之计南下袭取了沧州。之后途经德州而不击，进驻临清，迫使升任平燕将军的盛庸在东昌决战。此战盛庸背城列阵，诱围了率军冲锋的朱棣，以火器大量杀伤燕军。燕军主将张玉为解救朱棣，力战而亡。面对重创，朱棣率军殿后掩护撤退，一路遭受截击，于建文三年（1401）正月十六退回北平，甚是狼狈。东昌之败是朱棣起兵"靖难"以来的最大挫折，全军上下都在为此次大败自责，士气极为低落，连朱棣也打算稍做休整，暂不进行军事行动。

此时姚广孝却独排众议，力主出师，甚至搬出之前对朱棣所说"师行必克，但费两日"的激励军心之言，利用其中语意含糊的特点和自己的威望，巧妙解释成自己早已预料到东昌之败，只因"天机不可泄露"而未曾明言。他说："前固已言之矣！师行必克，但费两日。昌为文从两日，此后当全胜也。"姚广孝借此谶言，向众人说明，今后的全胜也是上天安排好的，以此稳定军心、重振士气。

姚广孝的这一做法有些非同寻常，近乎孤注一掷。他将自己的声名威望乃至整个燕军的生死，系于一句牵强附会的谶言之上。这看似疯狂，令人费解，但必然是经过了一番深思熟虑。一方面燕军新败之后士气低迷，人心沮丧。另一方面，哀兵可用，由失败而来的愤懑之气，极易转化为强烈的复仇雪耻之心。若较长时间无所作为，不仅会给南军留下调整部署的宝贵时机，也会让军中潜在的对胜利的渴望逐渐消沉下去。出于这些考虑，姚广孝强烈要求朱棣积极备战。

在姚广孝的坚持下，朱棣完成了再次出师前的必要准备。其一是正月二十二日的论功行赏，以示激励。其二是

"命僧修佛会，荐阵亡将士"，或许就是姚广孝亲自主持。二月初九举办的法会上，朱棣宣读祭文，声泪俱下，情涌于心，脱下身上战袍投入火中，以示袍泽情厚："吾焚此，亦示同死生。"

在朱棣和姚广孝的精心安排下，荐亡法会取得了预期的激励效果，成了再次出征的誓师之会。二月十六日，燕军再次出师，上下一心，连获大捷，重新确立了优势。

直捣南京

北平作为朱棣的大本营，在姚广孝等人的守御治理下甚是牢固安稳，令朱棣得以安心不断出击外线，在北方各地奋勇转战。尽管屡战屡胜，对南军多有打击，有效消灭了南军的有生力量，自身也通过招降纳附不断壮大实力，但双方的战略形势并没有得到根本上的改变。

朱棣的胜利颇有些侥幸的因素。一方面他在战场上冲锋陷阵，曾多次陷入重围，连所执帅旗都被射得像筛子一样，自身却毫发无损，又曾在激战中三次得大风相助，取得关键胜利。另一方面则是朝廷方面的无能。一是此前朱元璋已将能征善战的开国勋臣诛杀殆尽，朝廷只能任用李景隆这样只会纸上谈兵的纨绔子弟领军，客观上令朱棣受益。二是身为建文帝亲信的齐泰、黄子澄，"两人本书生，兵事非其所长"，才识不足以担当削藩大事，空持高论，事危之时却拿不出有效对策。三是建文帝朱允炆自己优柔寡断，进退失据，以致多次错失良机。若能有效解决这些问题，胜负之势尚未可知。

因为朱棣毕竟是以一方之地对抗全国，人力物力上都难与中央抗衡，往往在攻下城池后无足够兵力防守而被迫放弃。没有办法巩固胜利，也就谈不上进一步扩张，故自起兵以来历时两年多，朱棣所真正能够确保控制的只有北平、保定、永平三郡而已，"尚不能出蕞尔一隅也"。而朝廷虽多次损兵折将，但稍事整顿又能卷土重来，且每逢危急就会主动提议息兵议和，以作缓兵之计，重新进行部署调整。尽管朱棣不吃这一套，态度强硬，但限于自身实力，始终无法给予南军致命打击。随着战争的进行，李景隆、齐泰、黄子澄等人逐渐淡出此役的权力核心，换上的铁铉、盛庸、平安等将领，虽在战事上败多胜少，却还是借着大势遏止住了朱棣的扩张，南军将士也在战争中逐渐成长。因此，对于朱棣来说，过多的纠缠反而可能会蚕食其战场上的优势，尽早取得整个战争的胜利才是上策。

建文三年（1401）冬，南京宫中被黜的宦官逃到北平投奔朱棣，"具言京师空虚可取状"。收到这一情报后，姚广孝意识到这是解决当前困局的良机，于是向朱棣提出了直趋南京的战略决策。他对朱棣说："毋下城邑，疾趋京师。京师单弱，势必举。"也就是建议朱棣即刻率军南下，快速突破南军的防线却不攻占任何城池，将南军主力甩在身后而直奔守备空虚的南京城，与建文帝进行最后的决战。

这一方略听起来似乎易如反掌，但实际操作起来有着相当大的漏洞和不确定性，无疑冒险之至：一是路途遥远，如何能够以最快速度到达南京城下，以免形势生变。从北平到南京，相去千里，以当时条件，一般人赶路少说也要一个多月，更不用说大军行进，一路征战了。二是长途奔袭，后勤给养如何保障。兵法有云，兵马未动，粮草先行。如此孤军深入显然不能指望从后方获得补充，而为了保证行军作战，也不可能随军携带太多辎重，因此基本上只能因粮于敌，这对燕军的情报收集、战斗控制等方面提出了更高要求。三是如何突破层层阻截，攻下南京。后方虽是空虚，朝廷却未必就没有应对的手段。一方面沿途守军可以骚扰阻截，前线军队尽快回撤，或是追击燕军后军，或是赶到前面布置新的防线，延缓燕军行进；另一方面抓紧时间号召各地勤王，募练新兵，凭借长江天险或南京坚城固守待援，未必不能令朱棣比李景隆遭受更为彻底的"北平之败"。

如此困难重重，风险极大，姚广孝为何作出这样的决策建议？以姚广孝的才干，他不可能没有意识到如此明显的问题，但他却还是选择了视而不见，置之不理。一方面，这是他审时度势、权衡利弊之后的决定。当时局势如前所述，有恶化的趋势，战事持久不利于朱棣，只宜速战速决。两害相权取其轻，两利相权取其重，当下就是最好的机会，自然不可轻易错失。另一方面，也是由于其心性所致。从姚广孝少时立志出家就可看出，他既能够缜密思考以求两全之法，又能够坚持己见，不为外部所动，更重要的是，还有着关键时刻破釜沉舟、背水一战的勇气。这种性格贯穿于其一生：他绝不轻易作决定，如青年时不出仕于张士诚；一旦决定必然全力以赴，不惜冒险，如晚年时为朱棣出谋划策。

朱棣自己也察觉到当前的困境，亦感叹道："频年用兵，何时已平？"因此当姚广孝提出直捣京城的战略后，朱棣也当机立断，采用了姚广孝的谋划，放手一搏："要当临江一决，不复反顾矣！"建文三年（1401）十二月十二日，朱棣在北平誓师出征，一路避强击弱，经馆陶、徐州长驱南下，在灵璧击溃南军主力后未再受到像样的抵抗，于建文四年六月十三日直抵南京城下，守卫金川门的李景隆和谷王朱橞开门迎降。南京城陷，江山易主，实现了姚广孝半年前预定的谋划，历时三年的"靖难之役"以朱棣的胜利而告终。

姚广孝终获成功的冒险之策，不仅仅是朱棣获取最后胜利的关键钥匙，也在相当程度上使河北、山东等交战地区的百姓避免了过多的战乱灾难。更值得一提的是，此举打消了蒙元的觊觎之心。当时蒙元虽被驱赶到北方，但实力尚存，"引弓之士，不下百万众也；归附之部落，不下数千里也"。朝鲜使臣就察觉："又有鞑靼兵乘间侵掠燕辽之间，中国骚然。"可见还保留相当军事力量的蒙元当时已蠢蠢欲动，伺机南下。如若"靖难"陷入长时间的相持拉锯，消耗过大，势必会令北疆不稳乃至失守，引发更大的灾难。晚明思想家李贽认为，明朝两百年来休养生息，以致世人安于饱暖，忘其战争，"皆我成祖文皇帝与姚少师之力也"。或许正是从上述方面考虑，李贽给予了姚广孝高度的评价。

荣归故里　老当益壮

拜爵少师

建文四年（1402）六月十七日，朱棣拜谒孝陵后登基即位，得偿所愿，开始论功行赏，任用旧人。这不仅是对追随者的褒赏报答，也是建立和巩固新政权的需要，毕竟建文旧臣中肯迎附新朝的并不多。此次靖难贡献最大者，无疑是年近七十的谋臣姚广孝。

纵观靖难之役全程，可以看到文弱僧人姚广孝的身影活跃于始终。无论是发机定策，还是终战制胜；无论是运筹帷幄，还是临阵却敌；无论是精心谋划，还是随机应变，姚广孝在各个方面都发挥了非常关键的作用，且在战略决策方面尤为突出。《明史》中就肯定了姚广孝的贡献，说"道衍力为多，论功以为第一"，将其与大将张玉、朱能等人同列一卷，位居首位。清代学者朱彝尊认为，姚广孝虽为文臣，但其军功足以"居靖难诸臣之首"。史家赵翼也持相同看法，认为《明史》排次得当。正是由于其在靖难之役中的突出表现，姚广孝在明初政治舞台上占据了举足轻重的地位。

朱棣登基后下旨令远在北平的姚广孝南下京城。在其到南京后，"欲官之"，但姚广孝却极力推辞。朱棣只得于十月授予其僧录司的主官左善世一职，并厚赐财物。但此职乃僧官，秩仅六品，显然与靖难首功不符。因此，后来朱棣又在永乐二年（1404）三月设置东宫官属，授姚广孝为资善大夫、太子少师，并"复其姓，赐名广孝"。

所谓资善大夫，虽然只是不掌实职的文散官，但与负责辅佐教导太子的太子少师之职一样，同是正二品，乃为永乐一朝文臣中的最高品秩。事实上，明朝三公、三孤以及东宫辅导之职基本上都是荣誉虚职，仅为兼官、加官及赠官。这是朱元璋吸取历史经验教训所作的安排，以防止出现两个政治中心引发权力之争。或许一开始，朱棣为表示尊敬以及姚广孝坚持不肯担任任何实职，而授其太子少师这一闲职。但后来的事态发展，打破了此职只能兼领的成例，"顾独僧姚广孝专为太子少师"，此职遂由虚衔变为有明一代的专职与实职。

当年姚广孝曾协助太子朱高炽成功防守北平，两人关系显然不错。姚广孝实任太子少师后，每当朱棣往来两都、出征塞外，都让姚广孝留在南京辅佐朱高炽行太子监国之事。永乐五年（1407）四月，朱棣又命姚广孝侍读出阁就学的皇长孙朱瞻基，并于次年冬正式下诏公布。朱棣如此礼请博学多才的姚广孝任职东官之首，辅佐和教导自己未来两代的皇位继承人，可见他对这位老臣的尊崇和重用。

至于复姓赐名，后世多认为具有某种特殊意义。明代名臣王鏊认为是"拟之于元之刘秉忠"，明末史家查继佐亦明言："初元世祖时，授庆寿寺僧聪书以官，复其姓名为刘秉忠，位至太保。道衍欲附于忠后，曰广孝，位亦至少师。"可见姚广孝的功绩被朱棣及后世所认可，故有这种将其与刘秉忠相提并论的说法。

朱棣对这位"靖难"功臣眷顾有加，荣宠一时，与其交谈时都是"呼少师而不名"，以示尊敬。当年八月姚广孝七十大寿时，朱棣命人祝寿并赐以紫粉金龙笺书写的御制诗两首，诗中给予其"功名跻辅弼，声誉籍文章"的极高评价。

对于姚广孝得授高官厚爵，也有些不同的说法。有些人就认为，姚广孝对最初所授的僧职甚为介意，不豫之色为朱棣察知，因此而拜为太子少师。如此看来姚广孝似乎名利之心极重，恃功而骄。但这种说法似是而非，有着不少疑问：若朱棣对姚广孝如此看重，为何不在论功行赏时就直接授官？若一开始就忽视了姚广孝，为何又在过了好一段时间后，姚广孝未建新功的情况下才忽然提拔？这显然不合常理，应是后人因其升迁不合常规，加以附会渲染的流言，又或纯粹是对姚广孝的不满、诋毁之言。

实际上，辅佐朱棣成就大业后的姚广孝并没有表现出原来的名利之心，反而采取了退抑之道。史料中就有记载，他曾多次婉拒了加官晋爵，直至"靖难"功成近两年后才接受了作为荣誉职衔的太子少师。朱棣还命其蓄发还俗，赐以府第宫人，但姚广孝都坚持着自己的僧人身份，婉拒未受。这其中必有姚广孝自己的考量。

财帛利禄并非姚广孝所看重的，建功立业才是他的志向追求。他以年近七十的高龄辅佐朱棣成就"靖难"之功，虽还未能与八十遇文王的姜太公相提并论，但也足以青史留名。这对姚广孝来说，已足可慰藉自己平生之志，至于"仕于王朝，显荣父母"的少时心愿，已是唾手可得。永乐十年，朱棣就赐以诰命，追封姚广孝的祖、父两代以同样的官职，即均为资善大夫、太子少师，并追封其祖母、母亲为诰命夫人。只是这些东西对于拥有丰富人生阅历的姚广孝来说，不会再如少时那般迫切渴望，反而会让他有一种惕然自警的心态。一方面，他冷眼旁观了朱元璋的大肆诛杀开国元勋，殷鉴不远；另一方面，儒家人生之三不朽中，"立言""立功"对于姚广孝已不是问题，而最重要的"立德"，自可效仿春秋时范蠡泛舟西湖的美谈。再加上此时的他已是饱受佛学熏陶，人生老迈，志在净邦。综合考量之下，他选择谦抑退让也就在情理之中。

还乡赈济

得授太子少师的高爵，虽非姚广孝当年"读书有成则仕于王朝"的设想，不过其少年时光耀门庭、显荣父母的心愿终于得以实现。在受爵后两个多月，朱棣给予了姚广孝衣锦还乡的机会，让他以朝廷钦差的身份，前往故乡所在的苏湖地区赈济灾民。

永乐初，江南连年大雨。永乐二年（1404）五六月间，苏、松、嘉、湖四府再次遭受大面积水灾，随之而来的便是严重饥荒。姚广孝好友王宾所作的《永乐赈济记》中就对当时惨况有详细记载。由于积水成灾，乡人只得饿着肚子，踩踏水车汲水，抢救处于生长关键时节的禾秧。"眼望天哭"，到处都是无家可居、无薪可烧、无米可食的境况，乡人只得采集野菜水藻，和糠而食，甚至多有老人、妇女饥不堪忍，投河以求解脱。

在这种情况下，朱棣为显示新朝仁政，必然遣人赈济。他选择了新晋太子少师的姚广孝，并给予很大便利，便是让其还乡省视时惠及桑榆，这一安排显然是朱棣给予功臣姚广孝的特殊荣誉。而对于饥荒中嗷嗷待哺的乡亲们来说，姚广孝的赈济之行无疑是雪中送炭的活命恩情，理所当然会受到乡人的欢迎与尊敬。王宾的《永乐赈济记》就是为此而作，详细记载了姚广孝的赈济之劳，赞颂其赈济之德、爱民之举。文中说："少师公督州县急发米赈济，思人之饥，犹己饥之，如古后稷然。"即将姚广孝与传说中周朝时善于谷物种植、主管农事的后稷相比拟。又说"少师公当炎热，不惮烦劳，亲往县道，一一赈济。又责县官去年多以淹报熟，致田家困甚，不能深体圣天子子养亿兆之心"，认为姚广孝足以作官员赈济的表率。

赈灾期间，姚广孝与当时在这片地区负责治水的户部左侍郎夏原吉、太医院御医赵友同等官员来往密切。夏原吉于永乐元年（1403）时就受命在此地治水，浚疏河道湖塘，"布衣徒步，日夜经画。盛暑不张盖，曰：'民劳，吾何忍独适'",至永乐二年(1404)九月完工,"水泄,苏、松农田大利"。其治水卓有成效,惠及姚广孝桑榆。姚广孝将其才干品行看在眼中,回南京后借朱棣咨询政事之机,大力称赞夏原吉为"古之遗爱"。这使得夏原吉此后大为朱棣信用,奉仕五朝,官至少保,终为明初重臣。

回到故乡的姚广孝将朱棣所赐的钞帛,分赠给亲友乡邻。朱棣在后来的《御制荣国公神道碑》中亦称赞此举:"其平生乐善好施,天性然也。"而其侄子姚存仁远戍云贵之乌撒卫长达十余年,也因姚广孝官拜二品高爵之故,终得以还归故里,与家人团聚。姚存仁一家对姚广孝显然是"心感切切焉",故姚存仁将所居之楼命名为"容光室",并请王宾作《容光室记》,以纪念朱棣、姚广孝之"恩光遍照"。

归乡之旅,带给姚广孝的不仅是辛劳和荣耀,也令他自远赴北平以来,终于有了充足的时间访谒同门宗道、故旧友人,欢聚笑谈,一如当初。如王宾、韩奕两人,既是姚广孝的知己故交,也是吴中地区隐士高人的代表。王宾曾在苏州郡守姚善以官员身份登门请教时避而不见,待其轻车简从、独候门下时才"以道海之若师弟子也"。韩奕更甚,姚善多次邀请都不去,前来拜访时先避于楞伽山上,后又泛舟于太湖,终不肯见。早年姚广孝便与他们有诗文上的来往唱和,对他们不交权贵、不仕朝廷的心性志向甚为了解。他在给王宾的诗中就表达了对其"学优何不仕，奉母向桑榆"的赞誉。在《韩山人诗集序》中，姚广孝不仅盛赞韩奕"得性情之正者，故其诗冲澹幽婉，无一点尘俗气"的诗文水平，认为其足以在晋唐诗人中占据一席之地，并钦佩其为人端雅纯正，品行高洁："虽居市廛，如处岩壑，足迹未尝及府县之门，交游惟喜山林之士。"此次姚广孝回乡赈济，王宾特意作《永乐赈济记》以念其德，韩奕也为其作《题姚少师扇上钓鱼者》，将其比作姜太公："心迹与谁同，一丝江上风。只今称尚父，方识钓鱼翁。"如此行径，对于一生隐居不仕的王宾、韩奕来说，是难得一见的，显见姚广孝与两人关系之亲密。

此次回乡，姚广孝还收得一个养子。他在出行时，见一酒帘书字奇伟，问得是一少年所书，召见后甚是喜爱，遂收为养子，名为姚继，后承荫为尚宝少卿。此即"酒帘得子"，因较为奇异而流传有序，后记于王鏊的《守溪笔记》、沈德符的《万历野获编》等资料中。

但后世也有记载，说姚广孝回乡时他的姐姐和好友王宾或是避而不见，或是以靖难之事斥责姚广孝，甚至把相互间的交谈都描述得活灵活现，言之凿凿，借此表现连亲人好友都耻与其为伍，反对姚广孝之恶行。但这与实际情况矛盾，不仅王宾当时为称颂姚广孝而作《永乐赈济记》，且后来王宾故去时姚广孝也为其立传，两人友情始终未变。清初学者钱谦益、潘柽章都指出了这些说法的不合情理之处，断言是吴人妄语而流误史家。此外还有一些笔记、传说，如姚广孝常微服独行，因挡了县吏的道而被鞭笞，不以为意，亦不罪之，由此见其豁达气度。又如他曾徒步拜访王宾，欲劝其出仕，却因其装出口目歪斜的病状而放弃，由此见王宾不仕之高洁和姚广孝下贤之美德。以上诸说多有不甚合理之处，姑且听之。

以僧自持

功成名就之后的姚广孝，深感朱棣的知遇之恩，在出仕和退隐的问题上其实是颇为徘徊挣扎的。他虽有自嘲"这个秃厮，忒无仁闻。名垂千古，不值半文"的气度，却也难以彻底改变"料得人生皆有命，休言名利不如闲"的志向和心性。

出于某种考量，姚广孝多次推辞了朱棣的赏赐，但还是以此自得、踌躇满志。姚广孝作了不少感激恩宠、颂扬圣德的诗赋，如《神龟颂》《平安南颂》《平胡颂》等。他在《嘉禾》中说"圣主安天下，嘉禾瑞正宜"；在《三月旦日驾幸太学》中说"圣世继兴声教远，蛮夷无不颂陶唐"；更在《元夕大祀》中盛赞"千年盛典今能见，应尔斯民乐太康"。

他还以黄河水清、异兽"驺虞"（即白虎之类）现世等祥瑞之象，作《河清诗》三首，赋《黄河清》及《驺虞诗并序》等诗文，以颂祝朱棣天下一统，歌舞升平，有如尧舜之治。

姚广孝如此称颂朱棣，既是其得授太子少师，身处官场使然，同时也不无辅佐明君成就帝业的自得之意。他在给友人的诗中就说："常时荷天眷，因爱不知丑。光萦人所歆，且慰平生友。"其志得意满之情溢于言表。

因此，有记载说姚广孝在回乡时，被其姐指责没有一心一意做和尚到底。后世也多纠结于姚广孝的"初为僧"之上，意即他后来背离了自己的僧人身份。有对姚广孝不满的学者在评论姚广孝诗文之时，指责其首鼠两端，"互逃于儒释之间，未获进退之所"，故而认为"其诗如入忉利天，虽自快乐，未就解脱，魔障既深，终当堕落"，即使对他持赞赏态度的人，也惋惜其"于释则臣道靡也，于臣则释道累也"。

这些说法或多或少指出了姚广孝内心深处的矛盾和尴尬，但若就此说他"为僧不终"，并不符合于史实。他没有像刘秉忠那样蓄发还俗，即使朱棣再三要求，也还是"衲衣僧帽，往来萧寺，无改其初"。

已是垂暮老人的姚广孝，经历了长期出家以及洪武酷政下诸好友的悲惨遭遇，其心态早已不复当初那般急切。他在

《题江行风浪图》中就说"世人知险是风波，那识人心险更多"，借风疾浪高来比喻人世之危，由此表达自己"老年无事不江行"的退隐之心。他不再以姜太公、刘秉忠为追求目标——"何事尚垂钓，不入非熊梦"，而是转向了尧舜时的隐者许由——"独坐云深处，迢迢远市朝"。他把自己比作已然老弱的"病猫"，只能是"既倦终宵巡瓮下，惟思长日卧花荫"，甚至念及洪武旧事时，感叹"谁念前功能保爱"而惕然自警。此时，他的期望不过是"告退归来荷圣明，浒溪深处乐余生"罢了。

这种心态上的转变，令姚广孝不再热衷于政治。尽管位极人臣，但除了兢兢业业完成朱棣交代的各种宗教、文化任务之外，他更多的是以一种顾问的姿态来回应朱棣的咨询，而不会去插手具体行政事务。晚年的姚广孝有意疏远了与尘俗的交往，过着"俗客不来尘世远，往还惟我独相忘"的淡然生活，仅是与同道旧友有所来往。不过即便如老友袁珙，也只是"同居一城中，经岁不获见"。

姚广孝将其生活重心回归到佛教上来，致力于坚守自己身为僧人的操守，履行僧人的职责。永乐元年（1403），姚广孝取代被朱棣治罪下狱的明初著名僧人溥洽，担任僧录司左善世一职，执掌全国佛教事务。其间，他与同门高僧常有来往，应邀撰写了多篇塔铭、寺记等相关文字。值得一提的是，他与日本僧人的交流来往颇多。如日僧无初德始原是高僧宗渤的掌记，比姚广孝早了一年到北平庆寿寺，两人相交甚契，后西行入蜀。姚广孝为太子少师后，致书相邀其回京，朝夕论道。他还应日僧绝海中津的门人之请，为其《蕉坚稿》作序，委婉批评了日本僧人沉溺于文学诗词之举，认为如此只是取一时之快，玩物丧志，无益于佛行修养。

对于此时的姚广孝来说，他更关切的是如何在有生之年对佛教有所贡献。除了亲笔抄写《金刚经》，撰写《佛法不可灭论》之外，永乐十年（1412），姚广孝利用自己的特殊地位，将其早年写成的《道余录》整理出版。这篇万余字的文章，核心就是姚广孝从佛家观点出发，对宋代大儒程颢、程颐、朱熹三人攘斥佛、老之说的反驳。其本意在于从儒、释平衡共处的角度，反驳程、朱排佛的不当，实质上是一部反排佛的护教之作。但在当时程朱理学逐渐占据主导地位，明成祖朱棣也倾向于以儒学为核心的社会背景之下，姚广孝这一作为看起来就是对儒家地位的挑战，必然会引起儒学士大夫的反感与排斥。可以说，后世对姚广孝的淡漠与恶评，一半来自其辅佐朱棣"谋逆"的大罪，另一半则是这部《道余录》的余波所致。

尽管如此，对于姚广孝功成名就之后固守僧志、不易缁服的行为，还是有不少正面评价。如称其"首定大计，开万世洪业。及成功，谢不居，则又加于人一等矣"。即认为姚广孝乃智谋之士，栖身禅门，不因富贵而改变初衷，堪比汉初功成身退的留侯张良，故后人以"奇士"视之。

姚广孝从十四岁入寺，直到八十四岁逝世，整整七十年，始终以僧人身份自持。因此，虽然后人多认为《明史》将其置于"靖难"诸臣列传中而不视之为僧，是合于史书凡例的。但在清初学者钱谦益看来，他的《列朝诗集》将其归于释氏，更符合姚广孝的本意。正如名臣王整看到姚广孝画像后所描述的那样："金陵战罢燕都定，仍是癯然老衲师。"

永乐大典

身居太子少师之位，姚广孝并不能完全按照自己的意愿行事，曾因公务未能与友人出游聚会。除了宗教事务和东宫辅导之责外，"靖难"之后姚广孝的工作重心，不再是国家政治，而在于文化。他主导了《永乐大典》和《明太祖实录》的编纂修订，尤其是《永乐大典》，这是他最大的历史贡献。

朱元璋和朱棣都喜欢翻阅《韵府群玉》之类的古典文献工具类书。晚年朱元璋曾命人编纂一部集经史百家之言的《类要》，但因不久后朱元璋病逝而终止。朱棣也发现当时的类书有收录不广、内容单薄之弊，不便于使用，同时武力夺位的他需要"偃武修文"以笼络文士之心。因此刚即位一年，朱棣就决定编纂一部"悉采各书所载事物类聚之，而统之以韵"的大型类书，要求"凡书契以来，经、史、子、集百家之书，至于天文、地理、阴阳、医卜、僧道、技艺之言，备辑为一书，毋厌浩繁"。

刚开始时编纂的主要负责人是谢缙，他于洪武二十一年（1388）就曾向朱元璋提出过编纂大型类书的构想，未获采纳。朱棣的即位给予了他实现理想的契机，他与胡广、杨士奇等朝臣召集了一百四十七人展开工作，多为儒士。由于早有准备，进展很快，次年就完成了编纂工作，朱棣赐名《文献大成》。但此书没有完全遵照朱棣"无所不包"的想法，而是按照谢缙自己"致君尧舜"的思路进行编纂的。因此朱棣翻阅后，发现内容缺漏甚多，没有实现当初的设想，要求重新修订。而要纠正谢缙《文献大成》中偏重儒学、轻待诸家的弊端，必须换人主持重修工作。无论从资历、品秩，还是学识来说，太子少师姚广孝无疑是最合适的人选。

于是永乐二年（1404）十一月，赈济归来不久的姚广孝受命开馆于皇家藏书处文渊阁，与刑部侍郎刘季箎、翰林学士谢缙一起负责组织、协调整个修撰事务。也有说是姚广孝与礼部尚书郑赐为总监修。不管哪种说法，重修中姚广孝的最高负责人地位是毋庸置疑的。

要顺利完成这项任务，首先就是征集能够贯彻朱棣旨意的编修人员。身为监修之首的姚广孝，借鉴了初修的经验，充分利用自己太子少师兼任僧录司左善世的身份和人脉关系，在全国范围内广泛征集人才。

　　此次人才征集，并不局限于出身、门户以及资历。譬如有着"两脚书柜"美誉的陈济就是以布衣身份受召，并被委以总裁的重任。虽然出任总裁者还有王景、王达、杨溥、胡俨等朝臣名士，但唯有陈济一人专注其事，贯彻始终。这样不拘一格的重大人事安排，对于改变初修时重经史而轻子集百家的弊端具有关键意义，虽不知姚广孝在其中起到了什么样的推动作用，但至少是得到了他的同意的。而且陈济尽通经史百家之言的学术功底，与博通三教的姚广孝无疑深为相契。两人在编纂过程中，各负其责又通力合作，结下了深厚情谊。《明史》中记载，由于要甄选的藏书多达数百万卷，浩无端倪，"济与少师姚广孝等数人，发凡起例，区分钩考，秩然有法"，可见两人起到了提纲挈领的主导作用。

　　编纂工作主要以儒士为主，包括了代替郑赐为总裁的梁潜，与谢缙齐名的王达、王汝玉，七十高龄的滕用亨等名士，都曾与姚广孝早有来往。此外，重修时还重视和征集了名僧、高道、医家等三教九流的人才，"缁流羽士，亦多预者"，打破了初修时因人员单一而带来的局限性。参加编纂的佛教界人士中，道联禅师总体负责佛教方面工作，其他如善启、文琇等僧人也发挥了较大作用。他们以僧人身份参与官方大型修书活动，显然与姚广孝密切相关。医家中蒋用文和赵友同两人同为皇家御医，也都与姚广孝有密切来往，赵友同的御医之职还是姚广孝荐于朱棣而来。两人在编纂中担任医术类总裁，也与姚广孝不无关系。

正是借着这样的关系与人望，姚广孝能够广泛延揽人才，这使得前后参与编纂的朝臣文士、宿学老儒达到了近八百人，加上负责誊写、联络及杂事者，更是达到了两千多人。如此庞大的队伍，可谓精英荟萃，对监修者来说仅组织协调工作就是一项艰巨任务。姚广孝身居高位而知人善任，博通三教而虚以待人，既能与布衣出身的陈济合作默契，又能与儒家卫道者张洪坦诚相待，表现得游刃有余。

在这样一种氛围下，经过精心组织，齐心协力，编纂工作顺利进行。永乐五年（1407）十一月完成初稿即《重修文献大成》，进献于朱棣，得赐名《永乐大典》。又于次年十二月完成缮写正本，至此从初修算起历时五年的《永乐大典》编纂工作正式完成。全书两万多卷，分装成一万多册，总字数三亿七千多万，采收历代文献七八千种，"其书为古今第一浩繁"，成为中国历史上最著名的大型百科类典籍。其编纂特点是"用韵以统字，用字以系事。凡天文、地理、人伦、国统、道德、政治、制度、名物，以至奇闻异见、庾词逸事，悉皆随字收载"，以便于检索，实现了朱棣将经史子集、诸子百家"备辑为一书"的要求，令朱棣非常满意。作为重修工作的最高负责人，已是年逾古稀的姚广孝无疑为《永乐大典》的告成付出了巨大心血和精力，起到了不可忽视的作用。

再担重任

《永乐大典》完成三年后，朱棣又命重修《太祖实录》，姚广孝再次担任监修官，主持《明太祖实录》的第三次编纂。虽然没有《永乐大典》那般浩繁，但此次任务更为复杂、更为敏感。

所谓《实录》，乃是由同一朝代的皇位继承人为已逝前任皇帝编纂，由当代人写当代事，对前朝的人和事作出权威的官方定论，具有编年体正史性质。由于关系到一朝大事的褒贬荣辱，所包含的政治意义特别突出，且《实录》还被赋予了以史为鉴的功能，被帝王视为后世子孙理当遵循的典则，因此为历朝历代所重视。而且像《明太祖实录》这样"三更其史"的，却是古今罕见，这显然是"靖难"之变所带来的影响。

第一次修纂始于建文元年，由方孝孺等人负责，经三年而成。"靖难"后即位的朱棣为强调自己的合法性，不仅不承认建文年号而沿用洪武纪年，还下令重修《太祖实录》，由解缙等人负责，于永乐元年完成。但后来朱棣发现问题越来越多，没有完全实现自己的意志，又于永乐九年（1411）十月下令，由太子少师姚广孝和户部尚书夏原吉负责再次开局重修。

一般来说，自朱棣之后历朝《实录》的监修官员多为武臣出身，乃是荣誉虚职，并不负责具体事务。而姚广孝虽是文臣出身，却是名副其实的组织者和参与者，不同于后世惯例。个中原因，一方面是所谓的"国初未定例也"，一方面则是其在编纂《永乐大典》中所表现出来的威望、才干以及学识。

参与三修的编纂人员，大多都参加过《永乐大典》的编纂，如总裁陈济、胡俨等人。姚广孝与这些修书旧人彼此间知根知底，再次一起配合，显然更有利于编纂工作的展开，这其中或许就有姚广孝的积极争取。不仅如此，姚广孝在整个编纂过程中始终恪尽职守，兢兢业业。朱棣为此高度赞赏说："广孝为监修官，躬自校阅，克勤所事。"接受此重任时，姚广孝已是七十七岁高龄，老弱多病，深居简出。永乐十一年中秋前夕，太子朱高炽欲请他去"经纶正务"，发现他"染病日久，步履艰辛"。纵然如此，姚广孝仍对自己的职责念念不忘，曾写信给夏原吉，商讨编修事宜。其拳拳之心，昭然可见。

可惜的是，永乐十六年（1418）五月，三修《明太祖实录》完本呈进之时，姚广孝已在一个多月前逝于北平庆寿寺，没能看到这部对明朝政治和社会产生较大影响的"国史"的问世。当年三月，姚广孝以八十四岁之身，奉旨千里迢迢远赴北平，老病之躯经受不住长途跋涉的辛劳，不久就病重而逝。或许他北上的其中一个原因就是当时《实录》的编纂工作已近尾声甚至基本完成，姚广孝北上向朱棣汇报相关工作情况。而另一个原因，则是朱棣所布置的又一项重大任务，即永乐大钟的铸造。

举世闻名的永乐大钟，是世界上所存最为古老的大钟之一，铸造工艺高超，钟体上总计刻有二十三万余字符，包括了《法华经》《金刚经》《般若心经》《阿弥陀经》以及《诸佛名经》前二十卷等重要佛教经文和咒语。一般认为大约永乐十六年前后，朱棣开始筹备铸造，或许正是听取了佛教中人姚广孝的意见。

至于铸造的动机，有一种说法认为朱棣和姚广孝因"靖难"之役而自感罪孽深重，欲借此钟忏悔以求心安。此说源自清帝乾隆的《大钟歌》，但与史实有所不合。朱棣始终强调自己的正当性，连《永乐大典》都要求"齐政治而同风俗"；而姚广孝虽有倦怠之心却无忏悔之意，坚持着身在佛门而心念世事的志向。两个追求有所作为的人显然不会花太多心思去纠结过往，而更注重经世致用，故赋予了永乐大钟强大的政治、宗教、文化使命。铭刻于永乐大钟显眼之处的《大明神咒回向》就清晰表达了这一意图，即将前文十二大愿囊括于"敬愿大明永一统"之中，以利用佛法的感召之力，来弘扬朱棣"大一统"的宏图伟愿。也是出于这一目的，永乐十四年朱棣就决定营建北平，准备迁都，作为他"控四夷，制天下"的关键措施。因此，另一种说法认为永乐大钟是为此而准备的重要法器，看似是不经之谈，反倒更有可能接近朱棣和姚广孝的心思。

铸造永乐大钟既是朝廷的重要决定，又与佛教界密切相关，必然会与姚广孝有所联系。姚广孝深受朱棣的器重与眷顾，不仅是德高望重的高僧和位极人臣的官员，还有着成功组织大型工程的经验，甚至有曾为朱棣建造隔声密室时表现出的极高的学识造诣。因此，无论从哪方面看，声望显赫而又博学多才的姚广孝都是负责监造大钟的最佳人选。这应当就是姚广孝时隔十数年后再次远赴北平的另一重要原因。

只是姚广孝到底年事已高，既未得见《明太祖实录》的成稿，也未能参与永乐大钟的具体工作。但其如此奔波劳苦，可谓"鞠躬尽瘁，死而后已"，倾其后半生报答了朱棣的知遇之恩，令人感叹。

生前身后　功过任说

备极哀荣

永乐十六年（1418）三月，姚广孝来到北京朝见了皇帝朱棣，旋即病重。得到消息的朱棣，亲自前往姚广孝所居住的庆寿寺进行探视，与其相谈甚欢。在姚广孝逝世前夕，朱棣再次亲临，并询问其有何未了之事。姚广孝刚开始不肯说，再三询问之下，也没有一语涉及私事，只是提出了一个请求，即希望朱棣能够释放僧人溥洽。

溥洽也是得道高僧，洪武末年与姚广孝声名并列，两人之间亦有过来往唱和。他与建文帝关系密切，是其主录僧，后出任僧录司左善世一职。永乐时，"以其位逊衍"，即左善世由姚广孝担任，他则降为右善世。后风传他在"靖难"之时曾设药师忏诅咒朱棣，南京城破时又剃度了建文帝以助其逃亡，朱棣于是借故将其下狱，囚禁长达十余年。

出于与溥洽的情谊，姚广孝提出了释放溥洽的请求。但直到临终之际才说，显然是因为这个话题过于敏感。官场险恶，侍君如虎，当年姚广孝曾劝朱棣勿杀方孝孺却未能实现，后来又有同僚谢缙、王汝玉、黄淮、杨溥等人因皇家之事下狱。溥洽之事涉及朱棣与建文帝叔侄，更是微妙。洞悉朱棣心理的姚广孝谨言慎行，一直引而不发。或许是皇位已经巩固，或许是有感于"人之将死，其言也善"，朱棣终是同意了姚广孝的遗愿，释放了已然白发覆额的溥洽。

三月二十八日，姚广孝病逝，朱棣哀痛之余为其置办了极其隆重的葬仪。除墓葬依照僧制外，朱棣还为之"辍视朝二日，赐祭，赠推忠辅国协谋宣力文臣，特进荣禄大夫、柱国、荣国公，谥恭靖。命有司治丧葬，亲制碑文于墓"。这些措施都是按照王公大臣丧礼之例而行，甚至犹有过之。永乐朝间，规定了闻"公、侯、驸马、伯及一品官"丧时辍朝一日，不鸣钟鼓，各官着浅淡色衣服朝参。显然朱棣为姚广孝之逝"辍视朝二日"，已是逾越了这一规制。

两日后，朱棣派镇远侯顾兴祖前往祭灵，宣读他亲自撰写的祭文。朱棣在祭文中追忆了姚广孝的功绩，认为自己得其"朝夕启沃，资益良多"，感慨如姚广孝这般人才"岂易得哉"，故特追封为荣国公，谥曰恭靖。

明代开国之初，重武轻文，公爵至贵，但多授予武臣，洪武间唯一受封文臣乃是韩国公李善长。姚广孝虽是死后追封，却也是永乐朝中第一人，堪比于开国元勋。而谥号乃是古代朝廷在君王等有地位的人逝后，根据其生平行为所给予的概括性评价，即盖棺论定，以褒贬善恶，激励后人。谥号的用字，有着特定的规范谥法，不可妄加使用，也不可任意解释。"恭"字意谓"敬事供上，尊贤敬让"，"靖"字意谓"恭己鲜言，宽乐令终"，可见朱棣对姚广孝之评价。而且姚广孝又是永乐朝间第一位得皇帝赐谥的文臣，甚至多有文献将其誉为文臣中的"明代第一人"。一般认为明初谥号俱加于武臣，文臣无得谥者，不过此说还是有些不太确切。洪武初学者王祎与大儒宋濂同为《元史》总裁，后奉旨赴云南劝降却遇害，于建文元年追谥"文节"。但比不上姚广孝逝后即谥，且朱棣即位后不敢再提，直到正统年间才重谥"忠文"。就这个意义而言，称姚广孝为明初文臣得谥"第一人"还是说得过去的。

四月初四的"头七"之日，朱棣又遣顾兴祖前往拜祭。四月初六发引火化时，朱棣决定于北平西山建塔，为姚广孝营葬，再作长文并由顾兴祖告祭于灵前。

六月十八日正式安葬。六月二十二日，朱棣颁布追封赐谥的正式诏命，"用加显锡，以慰冥灵"。之后又亲自撰写立于墓道前的神道碑文，尽述姚广孝生前事迹，给予极高评价。大臣的神道碑一般皆由翰林官员撰写，得皇帝亲笔御制者寥寥可数，此前唯中山王徐达一人。

上述种种破格的做法，无不显示了姚广孝在朱棣心目中的地位，可见其于永乐一朝所发挥的重要作用。姚广孝所得宠顾之厚，可谓人臣之极，备极哀荣。留守南京的太子朱高炽以及各部大臣官员俱遣人致祭，并均有祭葬文。如曾与姚广孝共事并有深交的户部尚书夏原吉不仅撰写了祭文，还作挽诗三首，将姚广孝的功绩与诸葛亮、刘秉忠相提并论，回忆起永乐初年两人在苏州治水、赈济之事，如今只能感叹："回首旧游今已矣，忆公空有泪如珠。"

永乐二十二年，朱棣逝于北征途中，太子朱高炽继位，是为仁宗。当年朱高炽还是燕王世子时，姚广孝曾竭力协助他防守北平；被立为东官后，姚广孝又作为太子少师对其进行教导和辅佐，因此朱高炽对姚广孝相当尊重和崇敬。

洪熙元年（1425）三月，姚广孝去世七周年忌日的时候，朱高炽亲自撰写祭文，由姚广孝养子姚继告祭宣读，盛赞其功绩，并加赠少师，特命将姚广孝与张玉、朱能、王真一同配享于明成祖庙庭。所谓配享，就是将功臣的神位供奉于太庙，接受后世皇帝祭祀，以表彰忠臣烈士有功于国者。明代开国两朝以来获得配享太庙资格的十六人中，除姚广孝为文臣之外，皆为出生入死的武将。当然，姚广孝是以文臣之身而建军功，仁宗稍做变通，使其得与中山王徐达、开平王常遇春等人同列。这无疑是姚广孝的最大荣耀，足见其在明初的特殊地位。

同年五月，在位不到一年的仁宗病逝，朱瞻基继位，是为宣宗。其少时出阁就学，就是由姚广孝负责辅导侍读，因此他同样对姚广孝怀有崇敬之情。在将朱棣撰写的神道碑文交付其养子姚继时，宣宗特意嘱咐："其即为刻碑，以成皇祖嘉念功臣之志。"还下令设置守陵人，以保护姚广孝的墓塔，供后人瞻拜祭祀。

时过境迁

虽然明成祖朱棣给予了姚广孝极高的评价，之后的仁宗、宣宗也给予了他充分肯定和表彰，但这些褒誉未能长久。

宣德五年（1430）成稿的《明太宗实录》就在评价姚广孝著《道余录》时颇有微词，认为他"诋讪先儒，为君子所鄙"。这一说法成为后世对姚广孝发难的主要论调之一。姚广孝在世之时，深得朱棣宠眷，威望极高，理学家们虽对其出版的《道余录》怀有不满，却不敢公然反对。直到姚广孝、朱棣逝世后，这种不满才由《明太宗实录》引发出来，并随着程朱理学地位的提高而逐渐加剧。曾出任《永乐大典》副总裁的张洪自述："少师于我厚，今无以报，但见《道余录》，即焚之，不使人恶之也。"被钱谦益誉为"吴中硕儒，贯穿宋人经学"的张洪之所以焚毁《道余录》，依其说法是因与姚广孝交厚而试图维护其声誉，但更重要的是他以儒家卫道者自居，本就不喜驳斥先儒之说。后世藏书家郎瑛的《七修类稿》、清初大儒顾炎武的《日知录》等书都有《道余录》"专攻程、朱"的记载。清代学者纪昀甚至将姚广孝与明代著名奸臣严嵩并列，认为两人虽有文采，却同为儒者所羞，批评《道余录》所持之论"尤无忌惮"。

对《道余录》的攻击贯穿于明清两代，究其原因，不仅仅是这一学术理论"颇毁先儒"而招致儒家士大夫的反感与排斥，更是不满"靖难"的儒士对姚广孝进行攻击贬斥的一大把柄。在正统儒家看来，朱棣以藩王身份篡逆大统，姚广孝辅佐朱棣起兵夺位，无疑是"大逆不道"之举。朱棣进入南京时，就多有大臣儒士不肯合作，如方孝孺等人。世人多对建文君臣抱有同情之心，只是朱棣在位时不敢公开表露。朱棣逝后，儒士中对"靖难"的不满得以宣泄，一方面同情之论渐盛，令方孝孺等被屈杀者得获平反，另一方面因不便指责朱棣，"靖难"首功的姚广孝就成了攻击的主要对象。明人陈龙正就对姚广孝口诛笔伐，说其"自是好杀凶残之人，偶落在和尚局中，仅窥戎机，不识治道"，强调姚广孝杀业深重。这种攻击令姚广孝的后人也感受到了压力，据说其义孙姚孙廷喜穿先祖遗衣来彰显荣耀，却被太守杨贡知道后怒而羞辱，以致数世后的嘉靖年间，姚家后人将朝廷追封姚广孝祖、父两代的五道诰命拿来出售，弃如敝屣。

时过境迁，世人对姚广孝功绩的感受渐渐淡去，对他的贬斥却是日益增多。如此背景下，明朝中叶嘉靖九年（1530），明世宗以姚广孝出身释氏为由，将其撤出太庙配享，移祀于大兴隆寺即原来的庆寿寺，并于嘉靖十年换上了同样以文臣而建武功的诚意伯刘基。与姚广孝同时配享太庙的张玉等人却没有受到这样的对待，这虽与明世宗黜佛崇道有一定关系，但显然更是对姚广孝成见贬斥加剧的结果。万历年间的学者沈德符就认为，姚广孝不应配享于成祖之侧的看法，乃是当时"海内公认"。

明廷对姚广孝多少还保留了一定尊崇，每年春秋由太常寺官员前往祭祀的制度，直到万历十四年（1586）才停止。到了清代，对姚广孝的贬斥更无顾忌。史家谈迁斥姚广孝为"非世之不祥人耶"。学者朱彝尊曾惋惜有知人之明的朱元璋为何没有早点将姚广孝诛杀，以致贻害后世。学者钱大昕则赋诗说"好杀共知和尚误，著书赖有故交焚"，即以王宾遥喊"和尚误矣"和张洪焚毁《道余录》两事，来感叹"依然病虎形容在，曾否声名值半文？"道霈禅师则从佛门角度，批评姚广孝"贪谬妄之勋名，破慈悲之大化，佛门中万世之罪人也"。

各类史籍中，除《明史》颇有微词外，《明史钞略》批评姚广孝以"臣知天道何论民心"为谋逆的借口，陷生民于水火之势。《明鉴》则将促使朱棣起兵并造成一切恶果的祸首，皆归于姚广孝。《四库全书》本来规定将文章与德行分开，或论人而不论书，或论书而不论人，却在涉及姚广孝的《逃虚子诗集》与严嵩的《铃山堂诗》"词华之美，足以方轨文坛"，给予高度评价的同时，指责这两人一个是"助逆兴兵"，一个是"怙权蠹国"，将两人一起作为"彰善瘅恶"的反面人物，而没有收录其作品，仅列为存目。又借评价刘秉忠诗文之际，认为姚广孝虽与刘秉忠行迹相似，却是"首构谋逆，获罪名教"，其人品相去甚远。

乾隆年间，被卸下冷置了一百多年的永乐大钟重新悬挂鸣响，诗人沈德潜为此作长诗记之，涉及朱棣和姚广孝时，认为他们意欲"凭仗佛力消黑业"，是因为"抄连瓜蔓凝碧血，祸延赤族锄群忠"，显见其对朱棣、姚广孝的谴责。乾隆也深以为然，亦作《大钟歌》和之，认为"谨严难逃南史笔，忏悔诎赖佛氏钟"。君臣二人对姚广孝的看法，无疑是清代的官方定论，这一影响甚至延续到民国。无怪有诗赋曰："漫说姚师靖难功，风云叱咤总成空。"

是非莫辩

尽管对于历史人物的评价，往往会随着时间的推移而有

102

所变化，但像姚广孝这样由"备极哀荣"到"千夫所指"的境遇却不多见。由于评价标准和立场的不同，基于史实之上的贬斥无可厚非，倒可以从相反角度帮助世人更加全面地认识姚广孝。但在对其贬斥加剧的同时，各种附会传言也随之而来，甚至充满了偏见和污蔑。

其中一例就是将明初大儒方孝孺之死归咎于姚广孝。方孝孺是宋濂的弟子，受建文帝重用，后因不肯与攻入南京的朱棣合作而被下狱，于建文四年（1402）六月二十五日"戮于市"，惨遭灭门。方孝孺刚直不屈、慨然就死的气节，切合了正统儒家的价值观，为后世所同情和赞赏，与此相应的就是对其对立面的憎恶与痛斥。为此事负责的本是朱棣，有些人却迁怒于姚广孝，认其为至祸之首。明末黄景昉在《国史唯疑》中痛斥姚广孝"号最阴贼"，认为姚广孝必须对此负责，以致清代学者全祖望在《方文正公画像记》一文中，记载了南明为方孝孺建祠时，仿照岳飞墓前铸有秦桧夫妇跪像之例，以姚广孝之像跪于其阶下。

事实上，当时的姚广孝并未随军，而是远在千里之外的北平，接到进入南京的朱棣的旨令后才南下，不可能在短短数天内赶至。因此，不可能发生姚广孝推荐方孝孺代草诏书，从而导致其激怒朱棣的事情，更不可能对其灭门惨祸负有直接责任。相反，曾与宋濂交厚的姚广孝熟知方孝孺的品性抱负，早已预料到其不肯迎事朱棣，故于师出北平之时，特地请求朱棣说："城下之日，彼必不降，幸勿杀之。杀孝孺，天下读书种子绝矣。"望能对其网开一面，但事情的发展却出乎其所料。此事多有记载，可见于明清多种史籍之中，即使对姚广孝不满者也没有否认此事。虽然确实是因为姚广孝辅佐朱棣"靖难"成功，才最终导致方孝孺的灭门惨祸，但若因此认为姚广孝是罪魁祸首，显然是不合史实的。因此，清代严元照校注全祖望的文章时特地注明说："广孝知先生之不降，预止文皇以不杀，然则广孝非先生之罪人也。"

对于方孝孺之事，因记载史料比较丰富，证据相对确凿，难以作为攻击发难的把柄。但对于姚广孝激劝朱棣诛杀建文名臣卓敬一事，则几成明清之定论。《明史》中记载，建文初年，卓敬看出雄踞北平的燕王实为朝廷大患，建议建文帝将其徙封南昌，以削弱实力，便于控制，但未被采纳。登基后朱棣以卓敬不奉迎见罪，责其离间骨肉，"帝怒，犹怜其才"，意欲以管仲、魏征之事劝诱。姚广孝因曾经与卓敬有怨隙，特向朱棣进言："敬言诚见用，上宁有今日。"朱棣遂下令斩之，并灭其三族，之后却又有后悔之心，曾感叹"国家养士三十年，唯得一卓敬"。

这种说法最早见于刘球所作的《卓敬传》，文中用了百余字来铺陈姚广孝的"谗言"以彰显其心狠毒。此文虽据说是成于宣德五年，距朱棣逝去仅六年，但却仅见收录于明末崇祯年间所辑的《忠贞录》中，存在一些疑问。如其中一句"限长江之险，鼓舞豪杰，起兵北来"，当指卓敬在南而朱棣在北，这种情况要么是朱棣还在"靖难"，要么已经迁都北平，均对不上史实，似为后世伪作。较为确切的记载始于正德年间张芹的《备遗录》，说姚广孝以吴王不杀范蠡而国灭、王衍不杀石勒而身死的典例来劝说朱棣。此后《姜氏秘史》《革除遗事》等建文史籍的说法大同小异，越来越详细，如嘉靖年间的郑晓在《逊国臣事抄》中提出了姚广孝极力劝杀卓敬的原因，"卓敬尝抑姚广孝"，到了明末崇祯时曹参芳则在《逊国正气记》中进一步指出姚广孝"每为敬所轻，甚衔之"。若果真如此，显见姚广孝气量之狭小、用心之狠毒，无怪乎晚明思想家李贽对此极为愤懑，怒骂姚广孝"毒哉秃哉"。如此积毁销骨之下，后世对此事的真实性已是深信不疑。

但是，与方孝孺的问题一样，时间成为最大的疑点，即卓敬死时姚广孝在不在南京。事实上，所有的记载中都没有卓敬被杀的确切时间。清代史家赵翼也发现了这个问题，却先入为主地认为"广孝后至，敬尚在狱中，而一言杀之也"。不过依当时情况来看，急于立威的朱棣基本是在同时诛杀了包括齐泰、黄子澄、方孝孺等不肯合作的朝臣，杀卓敬可谓是形势使然，很难说姚广孝起到了什么作用。至于两人之间所谓的怨隙，更是难说。卓敬是浙江瑞安人，洪武二十一年中进士入朝，而姚广孝已于洪武十五年去了北平，回南京不过数次，起码在"靖难"之变前两人不会有太多交集，何谈卓敬轻视姚广孝而导致其怨恨？或许此后姚广孝确实对朱棣说过类似的话语，却未尝不可理解为宽慰后悔了的朱棣。毕竟朱棣灭了方孝孺一门，不也还给了"是个忠臣"的评价吗？

当然，这些推测并没有像方孝孺之事那样的确切依据，但将卓敬之死归咎于姚广孝同样有着重重疑点，贸然妄下结论，显然不太合适。

全面认识

正是在"靖难"之变中的大放异彩，给姚广孝带来了位极人臣的荣耀，却也导致了他死后的"遗臭百年"。明清以来，对姚广孝的偏见和指责占据了主流，影响至今。如现代日本佛教学者给予姚广孝高度评价的同时，也认为因有悖僧侣本分而被好友王宾所唾弃的姚广孝为此抱憾终身。今人亦有以谗言杀害卓敬之罪状来强调姚广孝累累杀业的。

尽管负面评价过多，但由于姚广孝的突出贡献，使其成为研究明初历史所不可回避的重要人物，其功绩和才华显然不是那么容易抹杀的，因此明清之际还是有不少正面的评价。

明中期学者凌迪知认为姚广孝辅佐帝业，"公功不可诬也"，这或许就是当时大肆贬斥姚广孝之下的辩护之语。万历年间学者童时明称赞姚广孝的谋划之功，认为姚广孝若不是坚持僧人身份的话，以其灿然勋业必然"至今延祚血食，无罢享之议矣"，其在太庙中的地位就不会被诚意伯刘基所取代。晚明文人顾起纶在称赞姚广孝文学成就的同时，也赞扬"勋极公阶"而缁衣终身的姚广孝，比那些"悻悻功名之士"要贤良得多。晚明因反对程朱理学而被称为"异端"的李贽，虽相信了姚广孝谗言害死卓敬的说法而大骂姚广孝，但仍然认为姚广孝有大功于明。在他看来，以朱棣的性格和能力，本就不可能束手就缚，与中央朝廷的对立和战争已是不可避免，正是由于姚广孝的襄助规划，才能以最快速度、最小损失完成这次易位，避免了连年战火，于国运民生有着莫大功绩。他由此叹息世人"但知公之差，而不知公之大也"。

这个"大"的评价或许不应仅仅指其在政治上的功绩之大，亦可以从更多的角度来看。明末四大高僧之一的莲池袾宏认为，尽管姚广孝杀业甚多，仍有可取之处，一是贵极人臣而不改僧相，二是功成身退而明哲保身，三是赞叹佛乘而具正知见，其维护方孝孺之行径已足以功过相抵。这显然是从佛教徒的立场来说的。而明末学者黄道周则从军事的角度对其给予了肯定，认为姚广孝堪称名将，足以跻身周代以来一百七十多位名将之列，并作文赞之。清初思想家顾炎武又从思想学说角度来评价姚广孝。他虽对王阳明之后反驳程朱之学盛行的境况颇有微词，但却对同样反驳程朱的姚广孝给予了相当的肯定，认为姚广孝之才华不下于王阳明，之所以其学说影响不大，在于两人所处的时代不同。文学方面，尽管乾隆年间的文士纪昀、沈德潜都对姚广孝策动"靖难"之变极为不满，但也不得不承认姚广孝在文学上的成就。纪昀的评价是其文"词华之美，足以方轨文坛"，其诗"清新婉约，颇存古调"，沈德潜则在他以"厚人伦，匡政治"思想指导下所编录的《明诗别裁集》中，仍然收录了"谋逆者"姚广孝的《京口览古》一诗。

到了近代，国内对于姚广孝的关注，无论是批评，还是褒赏，都难以再看到，姚广孝似乎就此淡出了人们的视野。但是在邻国日本，姚广孝的著作思想传过去后反而产生了一定的影响，引起了现代佛学学者牧田谛亮、明代思想史学者荒木见悟等人的研究兴趣。

时至今日，随着相关史料的日益丰富，摆脱了思想束缚的现代学者能够更加全面、深入、客观地去进行探讨和研究。研究的角度，不仅仅限于姚广孝的生平及其事功成就，更是广泛涉及了政治史、宗教史、军事史、文学史、思想史甚至科技史等领域。由此帮助我们获得对元末明初这样一位杰出人物更加全面的认识，并给予更加公正的评价。

第 2 章

姚广孝的文学成就

著 作 概 述

著作概述

世人评价姚广孝，因其政治作为而常有偏见，视之为异僧，秉有纯粹之功利心。事实上，纵观姚广孝的一生，会发现他是一个有独立精神、主体意识极强的历史人物。他少时就坚持自己的决定，选择了出家为僧，年过花甲之际却又投身俗世，辅佐"靖难"，于明初历史大放异彩。如此机会的获得，不仅仅取决于朱棣的赏识和信任，更与其志向、性格相关。显然，前半生才学与声名的积累对他的成就起到了至关重要的作用，具体来说就是其表现出来的诗文造诣。

早期的姚广孝与当时许多吴中文人往来频繁，是以高启为首的"北郭十友"之一。其所作诗文自有特色，且深寓真挚之情，为时人赞赏。

好友王彝称赞"其为古歌诗，往往与高、徐数君相上下"。学者贝琼《送衍上人序》称："大篇之雄健，如秋涛破山，鼓千军而奔万马，浩乎莫之遏。其短章之清丽，如菡萏初花，净含风露，洒然无尘土气，盖驳驳乎贯休之阃奥。"元末著名画家、诗人倪瓒《清秘阁全集》记姚广孝"高才茂思，为时所称，与张来仪、高季迪辈为文辞相颉，而藻思浴德，则非诸君所能及，故天下皆以参寥潜子目之"，甚至认为他的藻思浴德，出于高启、张羽之上。朱棣赞其"文章阂丽，诗律高简"，"名人魁士心服其能"。晚明文学家袁宏道也称之为"以事功名而诗文清警者"。其诗文被《四库全书总目提要》所评，乃"清新婉约，颇存古调"。

当然，由于其政治上的作为，连带其诗文也被世人有所贬低。晚明学者曹学佺在其编的《石仓历代诗选》中，记载嘉靖名臣王世贞评论姚广孝诗文"如入忉利天，虽自快乐，未就解脱，魔障既深，终当堕落"。不过曹学佺还是主张用公正的眼光看待姚广孝的诗歌成就，认为姚氏之诗"恶可废诸"，反对王世贞的"因人废言"。

事实上如果以诗观人，就能够看到姚广孝的胸怀中所寓之对人世的深挚情感和对宇宙的知性观照，便可深深体味姚广孝点滴弥散于其诗文间的出世间与入世间、感性与知性郁结之心境。

姚广孝之情志秉性，有一种佛教信仰的参悟，可出人世之局外，以静虑之心观照万物之生灭来去；亦有一种在世生活的热忱，可入人世之局内，体会人间事之酸咸甘苦。故其作诗，既能入其内，以深挚之情感，写现实之生活；亦能出其外，以冷静之理性，写空寂之禅境。剖析广孝诗，既可了解其现实生存状态及感悟，亦可体会其中与文人诗不同之禅意。

姚广孝一生著述颇丰，但佚失不少。现存的姚广孝诗文集主要有《独庵外集续稿》五卷，《逃虚子诗集》十卷及其续集、补遗各一卷，《逃虚子集补遗》一卷以及《逃虚类稿》五卷，《道余录》一卷等。

姚广孝早期著作于洪武初年时结为《独庵集》，其挚友明代著名诗人高启曾为之作序。又有资料提及其外集，曰"诗则清新婉约，颇有古趣，文则皆方外之作，尚有别集乃应酬世俗之文，彼教中所谓外集今不传"。

洪武二十三年（1390），诗人李继本在北平作《题独庵外集后》，赞曰："师出其文一编示予，其言简淡而高深，读之神思飘逸，而超然欲飞。"可见，姚广孝曾经著有《独庵集》和《独庵外集》，可惜不知流落何方。《独庵外集续稿》五卷，为诗文合集。书前有永乐元年（1403）姚广孝亲自所作的序，云"《独庵外集续稿》已誊入梓，兹续稿二册付与扶桑小比丘等，闻持归本国可出，似乃师绝海和尚必有筑教也"。由此序可知，当时大战初定，姚广孝就自己整理刻印了《独庵外集续稿》，并将书稿送给日本僧人出版，刻书年代当为日本应永十年（1403）以后。其中所录诗多为洪武年间之作。前两卷为诗作，共收诗九十一首，多是游赏即兴，兼少量唱和，从中隐约可以窥见其人生哲理。卷三至卷五收文63篇，有碑、铭、序、赞、跋之类，主要是讲佛事和评介佛道人物。

后来吴人合刻其诗文集，有《逃虚子诗集》十卷及其续集一卷，刊刻于永乐七年。该诗文集以五言古诗、七言古诗、五言律诗、五六言律诗、七言律诗、五言绝句、五六言绝句、七言绝句为顺序编排，按目录所题共收录诗作五百八十七首，其中有五十五首与《独庵外集续稿》中的相同。其后又有诗集补遗一卷收诗二十七首，文集补遗一卷收文六篇。

《逃虚类稿》五卷共收文九十六篇，按赋、颂、记、铭、序、赞、书题、疏等编排，多为方外之作。

这些存世著作，无疑是我们解读姚广孝心路历程的基础。

时代背景

姚广孝早年曾与高启一同学作诗文，"未及冠即能诗文，为时所称"，后来又与北郭诗社中的文人来往唱和、吟诗论文。

北郭诗社活跃的时期正值天下大乱，民不聊生，各路起义军纷起之际。从元至正八年（1348）方国珍首次于海上起兵，到明洪武四年（1371）朱元璋再次统一中国，战乱时间长达二十三年。在这样风雨飘摇的时代背景之下，姚广孝还能够与北郭诸文人置身事外，或登高寻盟，或流连诗酒，或赏月观花，或题画观帖，其生活优游怡愉，浑不似战乱中人，实在是与当时动荡的社会局势不符。

究其原因，一方面是外部环境的相对平稳。由于张士诚占据吴地，割据自守，客观上使当时的吴中避免了兵火之灾，故钱谦益曾赞及张士诚的保土之功。另一方面，则与当时文人心态有极大关系。

从整个元代的大背景来看，元代人分四等，其中广大江南地区的汉族文士都属于地位最为低下的南人。科举入仕之途由于明显偏袒着蒙古人和色目人，缺乏公平竞争之机，对广大汉族文士来说，已然形同虚设。元代理学虽被立为官学，但离心的倾向越来越重，大多数汉人，特别是南人都不再对这个政权抱有任何幻想。文人在异族的统治下，追求儒家理想之决心遭到重创，因此表现出一种极度放纵与自由，且是充满颓废与麻木的气质，形成了消极以对、及时行乐的文坛大环境。

而在当时群雄割据之下，北郭诗社成员或是出仕张士诚政权，却不受重用，或是隐居逃世，生活亦是苦多乐少。在面对严酷现实而自身却无能为力的时候，雄心抱负就如烟云消散，只能如张羽所说那样"皆落魄不任事，故得流连诗酒间，若不知有风尘之警者"。可见他们有意识地对时事选择了回避，求适情、重享受成为诗社成员当然的人生态度。

他们在与姚广孝的交往中，自然地流露出他们对国家兴亡、社会局势的变换已然漠不关心的态度。所以在当时动荡的局面之下，姚广孝还是能与往常一样，跟这些文人一起游山玩水、吟诗论禅、流连光景。如王彝就在《衍师文稿序》中回忆了他被围于吴之北郭之时，与高启、王行、张羽、徐贲及姚广孝等人日夕相嬉游，"辄啜茗坐树下，哦诗论文以为乐，顾虽祸福死生荣瘁之机乎其前，亦有所不问者"的境况。此时，朱元璋与张士诚正鏖战于吴、会，而姚广孝仍能与北郭诸子在兵火之间吟咏自乐，怡然不顾。实际上，姚广孝这样的举动，就如同一面镜子一般，清晰地映照出大多数元末文人社会责任感之沦丧和历史使命感之缺失。

而姚广孝之所以能够参与到北郭诗社的活动之中，从其个人层面看，不仅得益于他与诗社核心高启、王行的熟稔，更主要的是他此时的才学尤其是诗文水平得到了众人的认可。而从大的方面看，姚广孝的僧人身份也是一个重要因素。

自魏晋以降，儒、道、释三教思想渐成合流之势。唐宋间儒士虽多有排佛之言，但谈玄论禅之风日盛。到了元代，汉族士人受到排挤，而宗教盛行，文人士大夫更是纷纷参禅悟道，投身大化，寄情自然，对人生进行超现实的思考，以求得心态上的平衡和情绪上的舒缓。元末江南更是文士参禅、僧人学诗，蔚然成风。

姚广孝作为一个方外之人，他与文士的唱和诗中提及参禅礼佛的话题就十分自然。在其心中，这些文人墨客既是他的"诗中之友"，同时又是他的"禅中之侣"，所以，吟诗与参禅是他们交往的中心。而在文人心中，这两种角色也同时通用于姚广孝。像姚广孝这样的诗僧既有佛徒的道性，又有文人的诗情，因此往往潇洒款脱，如行云流水，出入儒、释二道之间，而不沉缚其法，这与当时的文人思想颇为合拍。可以说，姚广孝的禅僧身份对当时尘俗中的文士很有吸引力。因此，姚广孝喜好交游的性格以及"儒释一道"的通脱思想让他在文人中颇受欢迎。

与北郭诗社诸文人的交往，是姚广孝早年的重要经历，对其诗文风格的形成影响极大，也使其展现出博通众家、擅长诗文书画的特点。在来往唱和之中，姚广孝声名日盛，得到高僧智及青睐。受其指点，姚广孝不仅禅学佛法渐深，诗文风格上也趋于成熟，秉承了径山大诉、智及、宗渭禅师一脉才学雄富、至情至真而"不沦于空寂"的风格特点。姚广孝与宗渭、来复、溥洽等名僧作为元末明初诗僧的代表人物，突破了一般僧人诗文中的枯寂清冷风格，人情与禅意交映生辉，得以饮誉名流，与士大夫中分文苑，为一时诗学之盛。

诗 文 内 容

登览山水

元末天下大乱，民不聊生，世俗之境混浊不堪，益发显现出自然之纯净与美好，于是远遁山林、避俗世之喧嚣乃是当时文士们的向往之境。受此影响，身居山间寺院的姚广孝，朝夕与自然美景相伴，对于山水之游更是情有独钟，自有一番感受。

姚广孝常与道士、文士结伴，参禅论道，喜好云游，行于诸方，登山涉水，游学湖海。他在《送芳上人游甬东序》中自称曾打算"挟策振襟，逾江绝海。凡会稽四明，丹丘鹰岩，名山胜地，计必欲到；古佛化人，耆僧伟士，计必欲谒。以厌游观，以长见识。虽鲸波之汹涌，鹅岭之崔嵬，道途之危难，豺虎之横虐，皆弗暇顾也"。这一计划虽因身体不适未能实现，不过此时已四十七岁的他尚有如此兴致，可见其心性若此。

苏州附近的花山历史悠久，受到名人雅士的垂青，在佛教界也颇负盛名。花山有天池，为中吴山水之最，姚广孝曾三次与不同的友人共游，并作《游天池记》。文中称天池三水似断实连，倾泻而下如万鼓轰鸣。山中有峰如莲，秀色可采；峰下奇杉猗兰错陈，怪石林立，姿态万千。岭之绝处，更有胜景，"山无远近，川无巨纤，风樯云树，林麓丘墟，举列于前，可使游者荡胸怀而畅心目也"。姚广孝百看不厌，每次观赏"必穷峻临渊，寻幽索怪。忘登临之罢，恣嬉游之乐"。

他在《东游别乡中诸友》一诗中把自己的四方之志、云游之乐娓娓道出，让人读之亦欣羡不已。诗中说：

　　我生四方志，不乐乡井中。

茫乎宇宙内，飘转如秋蓬。

孰云无所挟，耿耿存吾胸。

忍为鱼止溇，肯作禽囚笼。

三登及九到，欲与古德同。

去年客淮楚，今往浙水东。

竦身入云征，一锡如游龙。

笠冲霏霏雾，衣拂飕飕风。

行李惟诗囊，佩之得黄童。

四明共天台，曾拟华与嵩。

中有圣道场，青瑶削群峰。

欲寻白足僧，为谒黄眉翁。

岂愁海波涛，何畏山穹窿。

逶迤路莫尽，盘桓兴无穷。

江天正秋清，山水亦改容。

沙鸟烟际白，屿叶霜前红。

梯空向高绝，极览舒双瞳。

优游平生友，恨不长相从。

遥知当此日，念我情千重。

后夜有佳信，好托南来鸿。

　　开篇首句"我生四方志，不乐乡井中"，姚广孝就直抒胸怀，表达其不乐尘世、喜好山水的志趣，展现出特立独行、自在于世的僧人形象。对于他这样志存高远、胸怀耿耿之士来说，安居一隅就像"为鱼止滦，作禽囚笼"一样，自是不能忍受的事情。于是，他效仿古贤，"去年客淮楚，今往浙水东"，尽享自由自在、云游四方之乐，自有"竦身入云征，一锡如游龙"之感，令姚广孝那颗喜好山水林泉之心得到了极大的满足。"笠冲霏霏雾，衣拂飔飔风"一句，便充分反映出他极为舒畅惬意的出游心情。即便是登山涉水中难以回避的苦难艰辛，也因受到他乐观心境的感染，在诗中被轻松地一笔带过了，"岂愁海波涛，何畏山穹窿。逶迤路莫尽，盘桓兴无穷"。诸友相送，一起登高远眺，江天秋景尽收眼底，姚广孝自然更希望能与朋友相携天下，遍览胜境，遂发"优游平生友，恨不长相从"之叹。可惜世间之事未能尽如人意，姚广孝只得别离诸友，孤身上路，唯盼书信传递情谊。全诗虽述离别之情，却无离别之苦，将诗人的情意、胸怀与山水之游融于一体，自有一番清雅。

姚广孝于所到之处、所遇之人，常作诗记之，故其集中写景诗文特别多。他的登览山水、访师问友之作，或纯粹描绘自然之景，如他与高启等人同游苏州近郊的百花洲，作同名诗相互唱和，诗云：

水㳽接横塘，华多碍舟路。

波红晴漾霞，沙白寒栖鹭。

绿汀渔网集，隔渚菱歌度。

不见昔游人，风烟自朝暮。

该诗将一幅波光潋滟、白沙红霞的缤纷画卷呈现于读者眼前，色彩鲜明而不失浮华，在渔网、菱歌的世俗中，自有一分风烟漫笼、景物依旧的淡然。

其诗或借景抒发感怀之情，如《九日前登朱氏园亭》：

簌簌微雨洒窗寒，晚霁园池景可观。

篱落黄花开已遍，满庭秋色独凭栏。

此诗乃是姚广孝因公事自北平还吴时而写，作于九月九日重阳的前一天。重阳本该是登高同游的时节，此时他的眼中却尽是浓浓秋色。自己已是花甲之躯，却不得不来去匆匆。黄花零落，如若故友，细雨微寒，沁入心头，世事难言，只得一个"独"字述怀。

其诗又或于景中寓禅心哲理之思，如《游补陀洛伽山记》尽述山水胜景、人文盛况之后，总结了其多年游历心得："譬夫月之行天，水之行地，虽无乎不在，观月者必登乎高，观水者必临乎深，何哉？不登高不足以见月之朗耀，不临深不足以见水之澄波。"

赠答师友

对姚广孝而言，云游经历一方面增益他在佛学与诗学上

121

的修养与磨砺，另一方面则使他与友人相知相交，结下深厚的情谊，其间常有"偶来值禅侣，清谈忘永夕"之况。诗文唱和是文人们传统的交流方式，而姚广孝频繁参与到文人的社交活动之中，自然会有赠答宴游、送别思怀之作，因此其诗集中的赠答唱酬之作占了很大篇幅。

姚广孝一直以方外之人的身份参与吴中文人们的诗文雅集，品文评话，此唱彼酬。唱酬诗最常见的是写宴乐聚会，伴随着丝竹管弦之声，在觥筹交错间，诗作一气呵成。他曾作《拟古六首》，其二云：

> 良辰念难寘，开筵当绮户。
>
> 会我同门友，言笑一何阮。
>
> 素弦发清商，余响绕樽俎。
>
> 缓舞出吴姬，轻讴来越女。
>
> 但欲客频醉，觥筹那肯数。
>
> 流年叹飙驰，有力谁得阻。
>
> 人生须欢乐，勿使长辛苦。

由于身处乱世，元末文人对世事无常和生命短暂尤其敏感。为此，他们中的很多人选择了及时行乐，于觥筹交错、丝竹管弦之间，暂时忘却时代之苦难、个人之失意。而文人们的这种心态，无疑感染了作为方外之人的姚广孝，让他也生出"人生须欢乐，勿使长辛苦"之感喟，宛若出离了超然物外的胸襟，耽溺于现实生命之感怀了。

探访友人之作通常有两种形式，一种是友人见访，姚广孝作诗以记其行，如《初春坐晚南轩喜王山人过访》《张山人适见访暮归口号》，另一种是其主动去拜访友人，如《访道权上人宿城南》《玄明精舍访吕山人志学》《访震上人》。这些基本上都是应景之作，或盛赞友人，或尽抒情谊。

在忆旧长诗《送李炼师还吴》中，姚广孝逐一提及当年的北郭社友：

> 荐绅吴下真渊薮，独欣东郭多交友。
>
> 我着田衣共颉顽，形服相忘岁年久。
>
> 闲止文章立追古，宗常问学曾无苟。
>
> 来仪才广班马伦，徒衡笔下蛟龙走。
>
> 吹台倜傥如达夫，岂特百篇成斗酒。
>
> 菜蘺读书犹满腹，议论风飞钳众口。
>
> 幼文词翰俱清俊，处敬温润浑如琇。
>
> 仲廉居富曾无骄，为学孜孜能谨守。
>
> 吁嗟诸子皆妙年，自信黄钟非瓦缶。
>
> 一时毁誉震乾坤，万丈光芒射牛斗。
>
> 鹤瓢先生清且秀，深探道术持枢纽。
>
> 山房每与吾侪会，茫然共入无何有。
>
> 我念披缁道不同，岂知见爱情尤厚。

何如简寂慕慧远，至竟高名传不朽。

…………

此诗中提到的"闲止"指王行；"宗常"，即常宗，为押韵而颠倒，为王彝字；"来仪"，张羽字；"徒衡"指申屠衡；"吹台"，高启别号；"菜薖"，余尧臣号；"幼文"，徐贲字；"处敬"，唐肃字；"仲廉"，王隅字；"鹤瓢先生"，李睿号。早年在故乡与众人唱和的盛景，于数十年后依然历历在目。

姚广孝还有异地远隔的寄怀之作，如《奉答高启季迪》：

清晨长松下，听禽坐逾深。

兰章忽远寄，光华丽空林。

讽咏得密意，展玩慰离心。

春晴见犹兰，况兹逢暮阴。

诗中忽然收到好友来信的喜悦之情跃然于纸上。

又如《折杏花一枝寄白范兼怀东邻故友》：

去年折花寄邻叟，今年邻叟无何有。

可怜见花不见人，肠断东风绕花走。

但愿东风休作恶，且使北人相与守。

一枝送尔表情亲，侑花得句何须酒。

诗作乃是寄思念之情于东风，追忆与友人把酒言欢、切磋诗艺之真趣。

除了唱酬诗外，姚广孝诗作中的临别赠诗也极为普遍。"离人千万意，都在短亭中"，友人之间的深厚情谊，于离别之际化作无限惆怅。如《九日留别吴中诸友》：

> 来时达上巳，去日遇重阳。
>
> 难别嗟良友，迟行惜故乡。
>
> 江莲将半落，篱菊未全黄。
>
> 无那西风恶，催人上野航。

该诗竟是将满腔的离愁别绪发泄到那无辜受累的西风之上，无理之余，意味绵长。

其送别长诗《送完上人还武林》又另有一番风味。卷首用"我性如野鹤，好入云林游"一句，引出姚广孝四处拜访"佳士"的愿景。接下来"忆昔往钱塘，湖山纵探幽。竭来天竺上，岌岌高斗牛"几句回顾自己曾经游历杭州名山古刹的经历。"维时用拙翁，大坐阐玄猷。群英自围绕，教聚如鲁邹。鼓钟震岩谷，奔走公与侯。再挥鲁阳戈，声光蔼南州"，则将与友人围坐听讲，一起参禅证佛的美好往事娓娓道来，平添一分对往昔乐游之追忆。诗的最后，"人生苦无根，漂漂水中鸥。谁云瞬息间，离会亦难筹。况兹十年内，世事何悠悠。我歌送子行，令人成白头"，则充满了沧桑变幻之感，寄予了其对世事难料、欢会难再的悲叹之意，可谓以抒情笔法来创作赠答唱酬诗的典型。

此外，吊唁死者的挽诗应当也属于姚广孝赠答诗的一种，此类诗作有《挽张天师二首》《挽席道士》等。《挽席道士》诗云：

> 冠佩偻偻八十秋，天风忽送泛瀛洲。
>
> 清牛不驾依新垄，白鹤仍巢守故丘。
>
> 看剑灯前思道论，听暾云外想仙游。
>
> 禅心已久忘生灭，茗莫应无泪横流。

姚广孝虽为禅僧，然曾以道士席应珍为"忘形友"，两人之往来，常常"君唱而我赓"，甚是欢洽。所以，洪武十四年（1381）席应珍病逝后，听闻友人之噩耗的姚广孝作上述挽诗以悼。最后一句"禅心已久忘生灭，茗莫应无泪横流"，表面上是写姚广孝禅心有成，看破生灭，淡然以对，却是以反语言说心中到了极致的悲痛，实际上已是涕泪满面。

题咏画扇

元代文人圈中有一个引人注目的现象：很多卓有成就的画家同时也是诗人，或者以诗扬名的文人同时又工于丹青。把诗直接题于画上，将诗与画从形式上融合在一起，始于北宋赵佶。而自从评论王维"诗中有画，画中有诗"开始，中国的诗歌境界中就出现了诗画一体的现象。元代是中国古代

126

文人画发展的重要时期，诗画两种艺术形式达到了前所未有的和谐，进一步拓展了诗歌的题材领域。画与诗两相映衬，相互补充，相得益彰。诗或平衡布局，或弥补空白，与绘画作品浑然一体，成为画面构图的重要组成部分，并通过书法表现到绘画中，与绘画笔墨风格相融，起到了图文互补，增强艺术效果的作用，也使书、画、诗三者巧妙结合起来，做到相互映现，增强了绘画作品的形式美感，构成了中国画的艺术特色。

这种情况到了元末已是普遍现象，因此题画诗在文人的文集中出现的频率特别高。如高启流传至今的两千多首诗中，就有将近一百五十首的题画诗；张羽诗歌总量远低于高启，但其题画诗也达到了一百零七首。北郭诗社中徐贲、王行、张羽、杨基等人原本就擅长绘画，受此影响，与他们交好的姚广孝不仅有着颇高的诗文造诣，同样擅长于绘画、书法，其现存世的小楷作品《中州先生后和陶诗》、跋邓文原《急就章》就是其代表之作。其书法风格古雅匀细，法度严正，瘦硬通神，悠然有静穆之气，充分体现其深厚纯熟的艺术功力。而且其交游中还有不少著名画家如倪瓒等，因此他也有不少题咏画扇等文人常见之作。

这种题画诗写作的目的通常分为三类。第一类题画诗，往往通过对画中山水景观的描摹，对画家的绘画技巧和图画的意境进行鉴赏和品评。如《题画》一首：

> 小小板桥斜路，深深茅屋人家。
>
> 竹屋夕阴似雨，桃源春暖多花。

该诗以六言道出画中山里人家之恬淡与真淳。小小、深深迭音，竹屋、桃源交融，夕阴似雨，春暖多花，似有自然而然、清丽澄澈之味。

又如《题赵伯驹关山图》：

> 群山雨初歇，凉飔发清秋。
>
> 红树映危蝶，翠霭集高楼。
>
> 遥峰笋林端，乱石漱溪流。
>
> 岭回日影仄，川狭云气浮。
>
> 峻险怯孤旅，金碧凝远眸。
>
> 伯驹艺乃精，短幅一何幽。
>
> 时来为披玩，亦足写我忧。

赵伯驹乃是南宋宗室画家，笔法秀丽精致，色彩典雅浓郁。姚广孝诗中极力铺陈了这些特色，将画中幽远深邃的气象韵致淋漓尽致地展现出来。

姚广孝的第二类题画诗乃是借题画来咏人，如《题倪云林墨竹》，亦蕴含了睹物思人之意。倪瓒是元代题画诗存世最多的画家诗人，也是声名最著者。姚广孝在诗中写"开元寺里长同宿，笠泽湖边每共过"，更是缅怀了其与倪瓒往昔交往之情谊，淡泊而真挚，意蕴悠长。

又如《祥老草书歌》之中咏张旭和怀素的部分：

后来颠旭斗酒醉，秃发濡墨池枯干。

挥霍欲忽鬼物泣，变怪辟易心毛寒。

江南屏障尽一扫，胡有祁岳图丹青。

弃门怀素慕旭技，刻苦攻习饥忘餐。

种蕉万木绕茆宇，绿叶剪污株无完。

书成千文世莫识，但见蚯蚓春蛇蟠。

其《祥老草书歌》从峄山碑、石鼓文始，至当代的止庵德祥禅师，三十余韵而气势不衰，变化跌宕，颇能写出历代书家和草书的神采。诗中详述了德祥禅师练帖时"十日不出笔成冢，中山老兔难为安"的刻苦，书写时"挥毫跌宕缩万骑，阵势诡独惊旁观"的气魄，以及书成后"缙绅相与叹莫及，便欲夺去加巾冠"的评价。

还有一类是作为僧人创作的题画诗，姚广孝意在由画中品味禅意，悟出禅机，或借题画之机抒发对禅悦生活的向往。如在《题圮法师还山图》一诗中，姚广孝就为我们描绘了一幅美妙的山林闲居图，其诗云：

攸然如云自来去，能使人间尘梦惊。

松高欲拟南山寿，莲香好结东林盟。

会汲冲泉煮春茗，对床共听风篁声。

可见，在姚广孝看来，来去自如的山林生活就应当是这样的。没有了世间纷扰纠葛的尘梦，听到的是风过竹林之声，闻到的是水边的莲香，冲泉煮茗，与一二知己笑看人生。如此自然旨趣，怎能不让人心生向往呢？

陈述胸怀

历代以来，"言为心声，诗以言志"的说法可谓共识。可以说，述怀诗能够充分表现诗人对于世间万物的看法及其内心深处的追求与志向，算是最有深度亦最能打动人的诗歌。姚广孝的述怀诗很多，不仅有直抒胸臆之作，更多的还先以咏史怀古、赠答送别、写景咏物的面目出现，然后很自然地转入自我述怀之中，以此来陈述心声，感慨时事。有的述怀诗还饱含对人生之感悟，对禅理之浑融。

其览景怀古之作《京口览古》云：

> 谯橹年来战血干，烟花犹自半凋残。
>
> 五州山近朝云乱，万岁楼空夜月寒。
>
> 江水无潮通铁瓮，野田有路到金坛。
>
> 萧梁事业今何在？北固青青眼倦看。

京口北临大江，南据峻岭，形势险要，又以北固山为重，当年梁武帝萧衍曾登此山。故姚广孝由此引出所谓的"萧梁事业"，即梁武帝萧衍灭齐建梁的勋业。萧衍少与沈约、谢朓等从事文学，后成就帝业，犹佞佛，数次为僧，是著名的和尚皇帝。虽说无论是在景物上，还是身份上，两人都有契合之处，但姚广孝特意提及此事，不能不令人猜测其功业之心。且诗中又以"战血"指称杀伐之事，大异于佛家戒杀生的理念。无怪乎与其同行的好友高僧宗渤认为这首诗的语气"此岂释子语耶"。不过就诗文水平来看，全诗语调铿锵，深沉雄浑，堪称其代表之作。

又如《刘文贞公墓》：

> 良骥色同群，至人迹混俗。
>
> 知己苟不遇，终世不怨谨（出）。
>
> 伟哉藏春公，革瓢乐岩谷。
>
> 一朝风云会，君臣自心腹。
>
> 大业计已成，勋名照简牍。
>
> 身退即长往，川流去无复。
>
> 佳城百年后，郁郁卢沟北。
>
> 松楸烟霭青，翁仲藤芜绿。
>
> 强梁不敢犯，和人敢樵牧。
>
> 王侯墓累累，废不待草宿。
>
> 惟公在民望，天地同倾覆。
>
> 斯人不可作，再拜还一哭。

可见，姚广孝以刘秉忠为榜样，他亦希望像刘氏一样，

131

能潇洒自如地在入世与出世的人生选择之间周旋，成就功名大业而不凝滞于一物。事实上，终其一生姚广孝都在实践着这一人生法则。据传袁珙评价姚广孝的相貌"形如病虎"，又以刘秉忠相拟。姚广孝在《赠相士袁廷玉》的诗中回应道：

> 岸帻风流闪电眸，相行何似相心忧？
>
> 凌烟阁上丹青里，未必人人尽虎头。

诗中以唐太宗李世民为纪念功臣立画像于凌烟阁之事自许，可见姚广孝对这一评价相当受用，亦可见其建功立业的志向。

其赠答咏物之作《五色雀》云：

> 五彩全彰欺众鸟，肯求燕伴离云表。
>
> 斐然自喜不同群，何虑此身盈握小。
>
> 日暖风轻长戢翼，耻向篱根鸣唧唧。
>
> 衔书呈异漫夸朱，却火蒙恩徒美黑。
>
> 绮翰曾拂瑶池水，未尝生子空城理。
>
> 形微敢并丹丘鸾，文明已似山梁雉。
>
> 午出庭除幸相遇，烨烨光辉来又去。
>
> 野田饱粟纵高飞，他年伫看楼琼树。

诗中姚广孝以五彩雀自喻，充满了"形微敢并丹丘鸾"之傲然气魄。言语间，有一种"斐然自喜不同群"之自我认同，亦有一种"他年伫看楼琼树"之鸿鹄志向，可见当时姚广孝的入世之心：他在期待着一位有德行的明君出现，可以辅佐此人以实现自己的人生抱负，并能够为天下百姓谋得福利以及安居乐业的保障。

当然，姚广孝的胸怀并不仅仅着眼于时事大局之上。要实现自己的志向，首先要的就是对自身才能的培养和对自身操守的坚持。无论为学还是为人，姚广孝始终以较高的标准来严格要求自己。他曾作《读书室》以自励：

山人嗜古忘荣宠，竹素随身事周孔。

结屋临流任打头，松桂林高翠阴拥。

竹床乌几雨幽幽，缥帙牙签纷总总。

闭门不出手披卷，朝诵夕吟神鬼竦。

窗破风鸣韵杂弦，空阶月过光流汞。

悠然乐此竟忘倦，学虑无成心每恐。

推求奥理似寻源，剖析严词如决壅。

不驰虚远务诚实，要择精华去繁冗。

遇恶思惩若驱病，见善欲为当贾勇。

有时掩卷出池上，齿漱寒泉毛发动。

幽栖既已得真趣，石渠天禄名从重。

囊萤聚雪今无人，知君欲继前贤踵。

诗中不仅详细描述了幽雅的读书环境和清苦的读书生

活，也对自己应当怎样读书提出了具体要求。在"悠然乐此竟忘倦"的同时，他又始终保持着"学虑无成心每恐"的自省心态，并以古时"囊萤聚雪"的求学者自许。而在操守的坚持上，他则以同门祝寿所赠的紫竹杖自期，作铭曰："虚而心，坚而质，直而弗阿，君子之德。予安其行，尔之力。"显见姚广孝虽是禅师，亦以儒家的君子之德来要求自己，这无疑是其博通三教、圆融于心的实质表现。

钦和应制

"靖难"功成之后的姚广孝，深得成祖朱棣的宠眷，身居太子少师的高位，与皇帝和东宫都有较密切的来往，因此常有撰写颂文的政治任务，钦和应制诗文便是古代臣属为奉迎皇帝而作的应酬唱和之作。由于写这类诗文需要看皇帝脸色、合乎自己身份，又不能离题、不可出格，故不容易创作，一般文学史都以歌功颂德、附庸风雅视之。

宫廷是讲究尊卑高下的地方，言论一定要切合身份。因此这类作品本质上属于贵族文学，要求呈现富贵气象。文字风格上要雍容典雅、华美绮丽，而不喜清瘦平淡；语体风格上要极力铺陈，要求作者具备较高的博物知类的才情学养。并且，其难处还在于言论得适宜当时的场合、整体的气氛，文字要符合唱和应制的种种声律或主题的限制。

在限制繁多的条件下创作，除了要达到记录事件、娱乐宾客的实用目的外，同时还得把握诗文兴感的力量，抒怀言志，心念要正，命意要高，格局才会宏深广阔，寓颂谀于无声，避免流于浅俗谄媚。成功的颂辞应是融合雅正内容和华丽文辞，运用赋笔的艺术效用，或凝练概括叙述，或排律堆叠，或用典以少总多，大力渲染、烘托皇权之至尊及其威严肃穆，又巧妙运用致讽、怨刺，深曲隐约，委婉不露，运用含蓄温蕴的语言达到"言者无罪，闻者足戒"的讽劝效果。

高僧宗渤就很擅长这方面的创作，为钱谦益所称道。相比之下，姚广孝不仅不如宗渤，比起他的其他作品也稍显不足，不过仍保持了自身的风格特点。

朱棣为证明自己乃天命所归，在刚夺取政权的前几年颇为重视祥瑞吉兆，如神龟现世、黄河水清、异兽驺虞等。众多大臣都撰文以颂，姚广孝自不例外。他以驺虞"不啖生物，不践生草"的传说，赋《驺虞诗》说："贵闻名在德，强致力非人。刚克威无猛，柔居性本纯。"在歌颂朱棣"应世为异兆，彰君有至仁"的同时，讽劝朱棣当行仁政。

在《黄河清》中，姚广孝以乐府歌行的形式，颂祝天下一统，歌舞升平："黄河清，洗甲兵，圣人在位天下平。"他更在最后一句情感迸发："何以得此悦我情？岂不见，黄河清！"这既是对朱棣的赞颂，也是对"子孙万世其永宁"的期盼。可见此类诗文虽然备受环境的制约，须表现特定而单一的讽颂情感，但同样可以在生命活力的灌注下，作为人臣真情实感的流露，呈现出积极向上、蓬勃旺盛的状态。

姚广孝还著有《平安南颂》《平胡颂》来歌颂朱棣的文治武功，内容大同小异，风格上则稍有不同。如《平安南颂》："乌章椎髻，皆识衣冠。雨旸靡厄，有秋可获。万邦同欢，率由礼乐。"《平胡颂》则云："诗书礼乐，制度文章，是所好兮。退奸进贤，化育流行，天下平兮。"足见姚广孝的文采。

其他诗作如《元旦朝贺喜晴》云：

> 北风雨雷正阴时，献岁新晴景最奇。
>
> 鸡唱声频催日驭，驾班行整列天墀。
>
> 燎明金户舒和气，仗拥瑶阶著令仪。
>
> 此际真龙颜喜色，想应不独近臣知。

《元夕大祀》云：

> 圣主临坛祀玉皇，染盛精洁炷名香。
>
> 风翻彩帜云交影，星列华灯月让光。
>
> 孚感神祇多锡祐，福归禁御倍迎祥。
>
> 千年盛典今能见，应尔斯民乐太康。

《永乐七年正月十五夜喜晴，京都放灯甚盛，赋近体一首》云：

> 元宵最喜雨初晴，盛放华灯满帝城。
>
> 花市月移珠翠影，绮楼风度管弦声。
>
> 煌煌火树连云璨，耿耿星桥映水明。
>
> 圣主从容天上坐，与民同乐近三更。

《三月旦日，驾幸太学》云：

> 銮舆诸学喜良辰，丽日晴光上庙堂。
>
> 冠佩云从分鹭序，旌旗风动耀龙章。
>
> 柳点碧水溶溶绿，花带炉烟霭霭香。
>
> 圣世继兴声教远，蛮夷无不颂陶唐。

这些作品都极尽铺陈之事，用词典雅浑厚、充实艳丽，尽显太平盛世的富丽堂皇，而且不仅仅文字焕发异彩，更蕴含了姚广孝健康积极的思想情感所迸射的光辉，那是一种有骨力的华彩，而不是没有生命力的浮华虚词。身为佛徒的姚广孝，在政治上显然更倾向于儒家的礼乐教化，而这又与他对净土天国的向往是相通的。可见于其胸怀之中，既存有对人世社会的深挚感情，又寓有立于出世高度，对世间万物的圆融看法。强烈的政治道德意识成为其应制诗文铺陈扬厉的内在依据，因此无论是讴歌太平、称颂强盛，还是抒写个人政治抱负、描绘社会理想，无不体现着姚广孝的内在情感。

风 格 特 色

兼采众家

与一般元末文人常见的纤丽之词不同，姚广孝之诗文"兼采众家，不事拘狭"，有唐宋及汉魏的风格。姚广孝好学古人之道，作诗往往有拟古之迹，诗风清新雅淡，亦有高格。此一特色，与他受北郭诗社文学取向的影响有很大关系。

元至正二十年（1360）至明洪武七年（1374），是北郭诗社结社活跃的时期。于此十余年，姚广孝与社中诸人交好，尤其与灵魂人物高启最相投契，赠答尤多。高启是元明之际最出色的诗人。按照清人赵翼的说法，其诗"使事典切，琢句浑成，而神韵又极高秀，看来平易，而实则洗炼功深"。此即是说，高启作诗，有兼师众长，待其融于心而浑然自成的特色。高启认为作诗"必兼师众长，随事摹拟，待其时至心融，浑然自成，始可以名大方而免夫偏执之弊矣"。姚广孝经常与其切磋唱酬，受其影响，姚广孝亦"读古今圣贤书，研究道理，作为诗文，刻意追古"，渐成相通之作诗、赏诗的标准与理念，并循此躬行实践。所以，高启在为姚广孝《独庵集》作序时，言其爱广孝之诗，读之不厌，认为"其词或宏放驰骋以发其才，或优柔曲折以泄其志，险易并陈，浓淡迭显，盖能兼采众家，不事拘狭"，更盛赞其诗"将期于自成，而为一大方者也"。此可谓对姚广孝诗文之高度评价，可见此时姚广孝已是兼采众家，通达古今，风格渐成。姚广孝诗文的这一特点首先体现在其思想上。在姚广孝的思想里杂糅了儒、释、道、阴阳等多家之学说，而以儒、佛尤甚。

读书经历给予姚广孝一种历史的眼光。于是，孔孟伦常之道、帝王兴衰之业，皆融于其情感之中，并转化为一种洞见人世之苦难，既想超脱于外，却又情难自禁地牵系于内的矛盾心理。他曾写过一组诗，名曰《杂诗八首》，其一写孔子，其二写秦始皇，可以说这是他于人世生活之中对理想与现实的直观感受。

其一云：

> 仲尼昔在鲁，里呼东家丘。
>
> 谁知百王师，圣德与天侔。
>
> 要令臣子惧，笔削成《春秋》。
>
> 遗经勤后来，一变乃从周。

其二云：

> 祖龙并六国，势大莫与争。

欲愚世上人，肆暴坑儒生。

群经化灰烬，法令从吾行。

剧政若牛毛，哀哉若疲氓。

鸿鹄骤一举，四海如沸铿。

不逢赤帝子，天下谁能平。

诗中所谓"笔削成《春秋》"，实际上是从思想建树之角度，说明孔子的儒家经典作为后世之规范，具有治国安民、教化礼乐的效用，由此构建起一个有秩序的社会。而所谓"鸿鹄骤一举"，则表现了姚广孝有一种希望圣人救世人于水火的心态。秦汉之际，与姚广孝所处的元季乱世颇为类似。故他以"赤帝子"即刘邦为喻，实际上是期待着能诞生一位有道明君，平治天下，施仁政，救苍生。此即姚广孝心中对世人之关爱，而这种积极的入世思想明显源于儒家。

而道家思想，随着姚广孝与道士的来往，也在其心里留下了深刻的印记。他在早年的《秋日登海虞致道观》中就说："我来只为逃秋暑，非是寻仙问道经。"诗中或有调侃之意，不过显然表示出做个陆地神仙并不是他的兴趣。佛、道两家无论在思想体系上，还是在终极目标的追求上，仍然有着较大的不同。但这不妨碍两家对挣脱世俗樊笼，寻求个人解脱的共同旨趣，以及因此而来的相似的方外修持形式。世人之论佛道相通，也主要是就精神层面而言的。

佛、道两家皆感到了世俗之烦扰重负，因此都想要超脱开来，拥有一种空明澄澈的心境，对此姚广孝显然非常清楚。他曾作诗描绘道翁求长生、自在天地行的逍遥之举，有"朱颜不知老"的赞叹。但在他看来，这种过于个人化的追求是解不了世间真常之性的，故而建议"何如趋圣途，悠悠乐天造"。这显然是他不存偏见，自由出入于三教之间的体现。对于佛家的出世、空寂等禅理，儒家积极入世的生活态度，以及道家返璞归真、自然淡泊的哲学思想，姚广孝通过"出世即入世，入世即出世"的理念，模糊了三者的界限而不偏执于一端，将三者融会于一体。

刻意复古

而在诗文内容、风格及文字技巧方面，姚广孝的诗文出入于古人之间，刻意追求复古。这一方面是受北郭诗社好友的影响，一方面也是他个人性格、志向所致。其诗体裁多样，气骨磊落，格调较高，"颇存古调"。其所作怀古诗《春日过乃忠墓》云：

> 维时春服成，纵步城南路。
>
> 逶迤绕水流，来寻乃忠墓。
>
> 阡隧非往昔，昔原岂如故。
>
> 萧条惟荆杞，惨默杂烟雾。

翁仲不可见，日午走狐兔。

忆昔龙凤姿，四海服威怒。

东征势小沮，忠良苦颠仆。

君臣既一心，死者宁不慕。

遗骸瘗兹壤，期如金石固。

焉知大化中，天地同旅寓。

事业水上沤，功名草头露。

死生谅莫测，荣华何足顾。

不如保贞德，歌欢自朝暮。

　　姚广孝立于墓前，遥想古人昔日叱咤风云之威仪，"忆昔龙凤姿，四海服威怒"。可惜转瞬间，恍惚如梦，生前如此之风光，死后依然终归尘土，与天地同化，与万物齐消。因此，诗人得出了"事业水上沤，功名草头露。死生谅莫测，荣华何足顾"的结论。对姚广孝来说，古人的一切是非功过都已是过眼云烟，浪花浮影，流逝不返。由是概之，一切功名、死生、荣华之执念，都可以抛弃，"不如保贞德，歌欢自朝暮"。这种超脱之感既来自禅佛之悟，又缘于作者本人之旷达本性。从艺术风格和内容上看，此古体诗颇有古意，观照现世，间有雄肆纵横之气，风格浑厚，意向高远，无愧上乘之作。另外，如《淮安览古》《过顺德城》等诗，皆如此类，寓古今融通之情致。

又如《杂诗八首》其三云：

> 翩翩豪游子，锦衣耀青春。
>
> 时来洛阳陌，走马不动尘。
>
> 百金一朝尽，惟仗剑随身。
>
> 气骄谁敢犯，睚眦犹杀人。
>
> 遇主固应难，何由树奇勋。
>
> 白日倏而逝，青云志莫伸。
>
> 有恩非不报，不报妇人仁。

这乃是一首典型的游侠诗，诗中姚广孝成功塑造了一个鲜明的少年游侠形象。游侠诗始创于汉，兴盛于唐，曹植、李白都有过传世佳作，到了宋、元则因时代环境的改变而趋于没落。文人常常借游侠形象、游侠精神以抒情言志，其情其志也主要表现为在儒家思想影响下的关怀社会、关怀人生的积极入世情怀。姚广孝的这首诗于想象中赋予了游侠身轻体健、个性张扬、快意恩仇、奋节显义等特质，彰显出诗人对任随心性、不受拘束的独立人格的向往。这与前人是相通的，稍有不同的是，前人笔下是对游侠效命疆场、舍身报国的最高赞誉，而在姚广孝的笔下则转向了空怀大志、难遇明主的唏嘘，这显然是对其切身经历的感悟。整首诗无论是在立意、内容、格式上，还是文字技巧上，都充满了仿古之意，置于汉唐众诗之中亦不会有突兀之感。

对于诗歌创作的取向，姚广孝偏好以陶渊明和王维、孟浩然、韦应物、柳子厚为上，主张"深得吟咏之情性"，崇尚闲澹清妍的风格。他读陶诗时说："乃欲学其言，拟和诚斐狂。未谙织组工，何能云汉章。里妇效面赎，可笑丑愈张。应物趣颇合，子瞻才足尝。允言究臻极，二子在其旁。"言极致倾倒之意。

他又有《馆中暇读王维、孟浩然、韦应物、柳子厚诗四首》，称颂他们"寓意一于诗，出语何清妍""古淡岂易学，五字真吾师"。他以为诗歌应当"挥洒自为乐，吟咏得真情"，如王维那样吟咏性情，悠然有自得之乐；又要像孟浩然那样"有时诗兴发，高山共流水，闲澹意有余，鲍谢焉足拟"，深具行云流水之美。姚广孝之诗确然体现了这种闲澹的风致。如他的送别诗云：

> 潮来沙碛平，月落海门曙。
>
> 汀蒲转凤叶，堤柳摇烟絮。
>
> 江头春可怜，天涯人独去。
>
> 有歌送君行，无酒留君住。
>
> 雪浪没沙鸥，云帆出江树。
>
> 回首读书堆，青山不知处。

此诗清新自然，可睹其悠然娴雅的风采。

清远恬逸

元好问曾说："诗僧之诗，所以自别于诗人者，正以蔬笋气在耳。"所谓的"蔬笋气"即"山林气"。因为诗僧之诗"多述山林幽隐之兴"，这也导致了一部分僧诗清苦、清寒、清愁的审美情趣和清瘦野逸的诗歌境界。他们对山林隐居生活的描写，诗风清瘦野逸，气幽质冷，为凡俗之人所不能道也。可以说，佛家的禅灭学说对诗僧之诗清瘦野逸的艺术境界有很大的影响。因为根据禅佛的灭谛学说，诗僧大多强调以道性为本，以诗情为末，主张以道制欲，以性节情，这种"见性忘情"表现在诗僧的诗歌创作中，便是对诗情的节制与淡化，它直接导致了僧诗气幽质冷风格的产生，故晚唐以来僧诗中多有"山林蔬笋"之气也是可以理解的，这也正是僧人之诗与诗人之诗最大的区别。

姚广孝既为禅僧，又极为喜好山林之游，其诗文中自然少不了这种"山林蔬笋"之气。不过与其他诗僧相比，少了一分出世的冷峻，多了一分入世的温和，格局上也更为大气，以清远恬逸来概括其风格或许更恰当些。

姚广孝曾写过《题张山人适乐圃林馆十首》，乃是与北郭诸友同咏之作。其中有"去官归故里，侨隐倚高林。花月尊前友，松风席上琴"一首，言同里张适辞官退隐山林，诸友人相访之事。当时同往乐圃的，还有高启、倪瓒等人，众人饮酒诵诗，颇得逍遥情致。而"巷僻无车马，闲扉掩薜萝。笼驯传信鹤，池蓄换书鹅"和"虚馆何幽绝，深藏世少知。柳云堆夕槛，兰雨积春池"两首，则是姚广孝写乐圃林馆幽静、空寂之味的。在欢聚唱和之际，创作如此内容的诗文，不仅仅是姚广孝自己的兴致所在，更是迎合元末明初文士们远遁山林、避俗世之喧嚣的向往。因此，其诗虽写山林，但清而不寒，逸而不野，自有一分雅致。

《宿山中废寺》云：

> 山中禅刹久萧条，僧老单居已两朝。
>
> 叠石傍垣谁设座，断槎横涧自成桥。
>
> 风回草径禽声歇，月过松房暑气消。
>
> 尽说经年无客宿，不妨容我度今宵。

该诗在诗人笔下虽尽显山寺之萧条、老僧之孤寂，但却无愁苦之意。而最后一句，诗人恬然自得的神态更是跃然纸上，令人会心一笑。

《海云庵》其三云：

> 迢递青村外，崎岖紫逻间。
>
> 过林才见日，到渡不逢山。
>
> 一室依岩险，双扉傍竹闲。
>
> 曾看云际鹤，向暮独飞还。

姚广孝在诗中构建起一种超然于尘世之外的意境。在《绿水曲》中，姚广孝写自然山水之境。诗云：

> 夕阳阁远树，春云散澄江。
>
> 不见荡舟人，空对白鸥双。

其诗如画，起笔先是勾勒远景，将日暮之瑰丽，幻化成人境之亭阁楼榭，于景中造境，高阔而绚丽。然后继之以"春云散澄江"，使原本绮丽之景平添了一分疏野与清淡。姚广孝用一"散"字，将闲云与流水衔接起来，水中映云而澄，云中蕴水而春，云水交融，弥散于夕阳远树之间，令整幅画面澄澈明净。首句短短十个字气象恢宏，色彩鲜明，而又流露出一分淡泊与宁静，于纯粹的景色描写中，自然而然地将逍遥闲适、心旷神怡之情致生动显现出来了。至于后两句"不见荡舟人，空对白鸥双"，则转入近景。姚广孝以超然之心立于空寂之景，观物而忘我。小舟无人，白鸥双飞，便是入了无我之境，与纷繁外物皆无对立，融会物我合一之境。

又如《过狮子林》中他写道：

> 无地堪逃俗，乘昏复到林。
>
> 半山云过磬，深竹雨留禽。
>
> 观水通禅意，闻香去染心。
>
> 叩门惊有客，想亦为幽寻。

147

诗以逃俗点题，前三句极写山林清幽，以山、水、云、雨描绘出一片幽雅绝俗的景致。末句忽闻叩门之声，始知犹在尘世，用一个"亦"字反衬出诗人于幽境中悠然自得的心境。其诗颇有田园诗人的风致。

禅佛哲理

姚广孝本是出家人，在佛学上主要是禅净双修。谈禅论佛乃是其佛家本色，写诗作文来"明佛证禅"乃是自然而然之举，刻意吟哦作诗不过是外道而已。高启点评其诗说："以禅喻诗，其要又在于悟，圆转透彻，不涉有无，言说所不能宣，意匠所不可构。"

禅宗以"以心传心，不立文字"为其教义之一，故禅与诗的关系，譬如春与花，"春在于花，全花是春；花在于春，全春是花"。思与诗，融会通达而无滞碍。宋代严羽以禅喻诗，言"论诗如论禅""禅道惟在妙悟，诗道亦在妙悟"。诗境与禅境并不全同，以禅喻诗亦非以禅说诗。诗之美，在于气物感人、吟咏情性，以自然之春风秋月、夏暑冬寒，以人事之悲欢离合、生活际遇感发心灵。而禅之深，在彻见自性，于山色云林、平常生活中，参悟佛之诸法实相。诗之"言有尽而意无穷"，譬如禅之世尊拈花、迦叶微笑，皆以"不著一字，尽得风流"为胜。故禅味入诗，即是于心灵感

148

发之中，了悟人生价值与宗教体验，以臻审美与圆融之境。姚广孝《陈怡退过禅室夜坐》一诗就深谙禅融之理。诗云：

> 懒应前朝聘，闲依古寺僧。
>
> 烟霞同一室，风雪共孤灯。
>
> 煮茗忻炉火，题诗恨砚冰。
>
> 无心元是道，不用问三乘。

禅宗把自心视为人的本质，即本真之心，也就是佛性、真性，故主张直指人心。习禅便是通过对思维定式的消解，对情尘意垢的遣除，彻见真如本心。故随心而行，禅意自是恍惚于着衣吃饭和困来即卧之中。因此，姚广孝之"无心元是道，不用问三乘"之句，实是深谙禅学之真谛。

姚广孝喜欢从山林幽栖以及四方云游的经历中参禅，从自然山水中悟道，并把自己的禅悟与心得在诗歌中表现出来。以禅趣入诗，便是姚广孝的主要特色。因为在禅家看来，万法唯心，自性为本，而自然无因而生，正是自性的最美好的表现形式。此外，由于自然所包含的那种朴素、单纯、永恒、自在的性质，往往有助于释子入定寂想，从而进入大彻大悟的境界。姚广孝在《妙上人习静轩》一诗中，就形象地描绘了在山林中入定，逍遥物外的心境。诗云：

> 岚岭照深屋，云松翳闲门。
>
> 鸟啼惊曙白，花气觉春温。

以兹过尘境，自可澄真源。

冥观了无法，何有寂与喧。

对姚广孝而言，心存于此境，就可以摆脱世俗之累，超越凡俗，在远离世俗尘境中自澄本心，领悟昼夜交替、四时变化的自然之境，了悟世间自在真源。

同样的诗句还有《王耕云过西麓见访二首》其二：

人物风流似列仙，每来邻刹访幽禅。

忘形共坐三生石，洗耳同临百丈泉。

诗人写诗，常于现实之此岸世界，吟咏山水，抒情写意。姚广孝既为禅僧，又作诗人，故其诗有禅境，亦有对彼岸圆融世界之悟性。"忘形共坐三生石，洗耳同临百丈泉"之句，正反映了这种诗禅之融合。他于景物中喻有禅意，把这种"于云水中得自在"的自然真趣娓娓道来，令人神往。虽借诗以谈禅理，便如"竹云时驻影，桂露夕阑香"一般，禅意与物境已自然地打成了一片，却流利清朗，而不显得生涩滞重。姚广孝并不是置身其外地观赏着幽绝之境，而是深入到幽境之中，在花落鸟鸣、寒谷落叶中参禅入定，领悟山水林泉所带来的闲适和禅悦。

姚广孝另有一些明言佛理与禅机之作，说教意味较浓。譬如他在《戏题倪迂墨竹》中写道：

以墨画竹，以言作赞。

竹如泡影，赞如梦幻。

即之非无，觅之不见。

谓依幻人，作如是观。

该诗显然是化用了佛家著名的"六如偈"而来，虽是表达戏谑之意，却不无自己的理解。"即之非无，觅之不见"，便是对事物现象生灭无常的感悟，包括语言也如梦幻。他在"禅翁指示人，又在第二义"中，即言第一义不可说。禅宗以为最高的真谛，是任何话语皆无以表达的，若强说之，则会落入言筌。对此他深有体会，如《玄音堂》云：

道本静中心，秋潭皎月沉。

无言得真趣，何用觅玄音。

又如《止息斋》云：

悟得西来意，高斋闭止息。

欲语众人知，流云去无迹。

禅宗所谓不立文字、以心传心的教义，实是取消了文字的权威性，取消了文字于日常事理的中心性与导向性，而代之以本心之感悟，故以禅心观世更为真淳与澄澈。

以 文 观 人

耽溺于世

事实上，赏阅姚广孝诗文，至为重要的乃是以诗观人。世人议论广孝，常以异僧诋毁之。其中的原因大抵是他劝导且帮助燕王夺太祖嫡孙之位，既违背了佛法戒律，亦忤逆了儒家君臣之礼。然而观其终究不改僧相之举，则不能单以纯粹之功利心定论，以其心中郁结之感性与知性矛盾去反观，应当更恰当些。这种郁结使姚广孝在精神修养上，对宇宙、生命秉有一种圆融之理解。而另一面，在现实生活中，又使他对人世充满了实在而宽阔的真挚情感。

姚广孝曾作《杂诗八首》，其中一写孔子，一写秦始皇，可以看出姚广孝对现实生活种种之历史感悟。姚广孝陷溺于此，成为一种在世的情感牵系。姚广孝常怀耽溺之苦痛。前述所言，于姚广孝心底，有感性的、耽溺于世的一面。他牵系政治，欲以儒家之理想社会救人世之苦难，故其写诗，常有现实之感怀。

且此种感怀，常是自信而积极的，也是真挚而浓烈的。他曾感于老农遭受虫害之苦，特意作《斥牟文》告祭神明，尽述为农之苦，进而直斥"方今之吏，尽副厥责，佩义服靡，弊犹蟊剔"。他也曾对贫士的凄苦感同身受，作《苦寒》描述其生活的窘困："况乃贫士桑枢中，多年布褐空重重。肠胃冻结气不通，安得汤饼朝热充"，遂有"未知畴能代天功，坐使恩光沾有穷"之叹，一如杜甫"安得广厦千万间"之念。

对于世事沧桑，姚广孝始终抱有一种无法排解的郁结情怀，如《过旧城》云：

> 辽城余颓基，荆榛道路难。
>
> 嗟我闲行客，感激有何叹。
>
> 遍归不待暮，鸰鸹鸣天寒。

从诗中可以看出，虽是匆匆过客，亦难免伤感于旧城的残垣断壁。

又如《效古》三首云：

> 行歌碧桃下，欲折碧桃花。
>
> 碧桃不可折，一折一吁嗟。
>
> 草中是白骨，欲问白骨名。
>
> 白骨不可问，一问一伤情。
>
> 遥望长安城，欲过长安道。
>
> 长安不可过，一过一烦懊。

面对着春意盎然的碧桃、阴森嶙峋的白骨、雄伟壮观的长安城，姚广孝却不愿意再用佛教道性来压抑心中的悸动，与凡人一样，他也在"吁嗟""伤情""烦懊"，并大胆地流泄于笔端，充满了对生命、世事的感叹。

姚广孝的这种感叹不仅仅来自对历史的感悟，也来自其自身的情感经历。他虽是禅师，却并非不食人间烟火，更非绝情寡义之人。相反，他诗文中表现出来的情意浓烈而真挚。

如《榆城听角》云：

> 十年游子在天涯，一夜秋风又忆家。
>
> 恨杀叶榆城上角，晚来吹入小梅花。

诗中展现了离家游子的思怀之情。虽然姚广孝少年时就主动出家，但那份亲情始终割舍不下，一直与家人保持联系。在《七夕感怀》中他怀念逝去已六十年的父母，儿时情景历历在目。这样一份情感令他无法对家里人的境遇无动于衷。他还在北平主持庆寿寺时，其侄子姚存仁被征发远戍乌撒，遣二子持书来见。姚广孝对此无能为力，只能赋诗寄之：

> 送别江头十载过，迢迢万里隔烟波。
>
> 尔愁谪戍乌蛮远，我惜离乡白发多。
>
> 二子往还行踟躇，一书展读泪滂沱。
>
> 余生自料应难会，岁月如流岂奈何。

直到十数年后，他帮助朱棣夺得皇位，贵极人臣之后，才有能力将侄子调回来。显然，他对此事始终耿耿于怀，可见其对世事的牵挂。他亦有《秋蝶》一诗，极言这层耽溺之苦痛。诗云：

> 粉态凋残抱恨长，此心应是怯凄凉。
>
> 如何不管身憔悴，犹恋黄花雨后香。

这首诗乃是拟喻之作，以物拟人，以蝶之凋残喻心之凄凉，以虚拟之景象表达现实之情意。诗之格调沉郁，有惆怅之幽思，淡然之阴霾，实为姚广孝诗中少见之作。

"粉态凋残"四字便将粉蝶在瑟瑟秋风中无奈飘零衰落之景呈现于世人眼前。念及昔时春花之中其妩媚翩飞的姿态，不免使人甚感萧索与戚然。益以"抱恨长"，以蝶之恨拟人之恨，直言幽怨之郁结，更使人多一分哀怜之感。姚广孝以蝶之残态入景，由景入心，秋蝶无心，观者自代，故生"此心应是怯凄凉"之感。"应是"二字虽是推测，实为确指，指的是观者的心。又以一"怯"字，极言无可奈何之意。

对于姚广孝来说，面对自然的永恒与无限，个体之生命宛如凋残于眼前的秋蝶，他所无可奈何的正是这无法抗拒的生命流逝，于是，一种怯惧惶恐之感自然而然地滋生了。姚广孝虽是潜心习禅，亦怀成就人间功业之理想及抱负。然则长久以来，机遇未至，壮志难酬。随着年岁渐长，却不知何时就会此身如蝶，遇秋凋残，而心也在无尽之等待里"憔悴"。一种时不我待的紧迫感，一种归宿难觅的怅然感，尽化作"南北驱驰十五年，人间事业任茫然"之慨。显然，正是由于姚广孝心系现实、耽溺于世的心境，他才如此纠结。

不过姚广孝之天性实是乐观的，亦有对理想执着追求之精神，故《秋蝶》的后一句云，"如何不管身憔悴，犹恋黄花雨后香"。蝶之形单影只，于时节之更替而言，乃是无可奈何的，然而对生命的眷恋具化为对雨后清香之向往，足以使它振翅而飞。人亦如是，虽人力薄弱，世事难料，然而人对理想之追求与向往，理想于人之魅力与吸引，足以使人驱散阴霾，执着以待。《秋蝶》这首诗，以蝶喻人，抒写的不仅仅是人世间充满酸咸甘苦的境况，更重要的是面对这些境况时的人生态度。该诗于形式上，有古风之清新；于精神上，亦有儒士之气象，充满深挚浓烈的真情和积极乐观的态度。

积极乐观

在承认受到天地自然的制约之后，姚广孝认为"所以古君子，安命乃为贤"。但是这个"命"并不是由上天安排而来的，而是个人的际遇造化与理想追求。君子乐天知命，自然令人称道，却并不是说其他的选择就一无是处。他在《送范生过古北口》中写道：

> 关山万里独南还，冒雪冲风鬓欲斑。
>
> 料得人生皆有命，休言名利不如闲。

这种积极的心态令姚广孝能够充分感受山水云林的美丽，能够广交朋友，互勉共进。就算他在感叹时光流逝、世事艰难的时候，也往往呈现出哀而不伤、愁而不怨的感情色彩。当年半百之际，奉旨匆匆北上，远离故乡旧友，未知归期何年，伤感之余姚广孝却依然能够调整好自己的心态，作诗记行：

> 石头城下水茫茫，独上官船去远方。
>
> 食宿自怜同卫士，衣盂谁笑杂军装。
>
> 夜深多橹声摇月，晓冷孤桅影带霜。
>
> 历尽风波艰苦际，无愁应只为宾王。

又有《病中》云：

> 久客燕山两鬓皤，春逢二月正中和。
>
> 老年无复愁华恼，弱质应多苦病魔。
>
> 屋外云横山作翠，门前烟幕柳如罗。
>
> 掩关尽日人难到，欹枕诗成强自歌。

可见不管是前途未卜，还是体弱多病，无论哪种逆境下，姚广孝都不会沉溺于自怨自艾中而不能自拔。他总是以积极乐观的态度，去淡然面对人生中的种种际遇。

如《东昌道中》云：

> 冻合长河阻去舟，四山寒气压重裘。
>
> 雪深林路驴难进，火暖田家客易留。
>
> 且学杜陵诗遣闷，宁为粟里酒消愁。
>
> 艰难不惮归燕地，因感亲王宠顾优。

诗中记载了姚广孝返归北平途中遇到的艰难情况，黄河封冻，阻绝舟路，弃舟而行，雪深路远。他感慨于燕王朱棣的眷顾之情，不畏路途艰辛，勇于前行，乃学杜甫、陶渊明苦中作乐。这种积极进取的精神，从姚广孝少时坚持自己的选择那一刻起，就始终闪耀在其身上。

无论是参禅礼佛，还是学诗论文，无论为人，还是做事，姚广孝始终坚守着自己的理想，不断进取，由此得以在无任何家世背景的情况下，闯出一片属于自己的天地。纵然是郁郁不得志的时候，他也依然在默默准备着，终于在持守半生之后等到了实现理想之契机。

甚至到了年事老迈、位极人臣的时候，姚广孝依然不改初衷。他奉旨负责《明太祖实录》的第三次修订之时，已是七十七岁高龄，尽管疾病缠身，依然兢兢业业，恪尽职守。他在给另一监修官员夏原吉的信中说：

> ……区区所念，《太祖实录》万世法则，此是国家至重之事。广孝年来奉命监修，忝与阁下同

事。然仆耄且病，才短识暗，罔知所以，不过书名而已尔。蒙意《实录》中，最难书者发迹、定鼎、征伐等项，且喜稿完呈进了当。其余事类全赖阁下与祭酒、学士、谕德诸总裁先生商议，凡事访问稽考，从实修纂，补遗润色，次第成书，以副上意也。如或延缓，岁月浸久，亦非所宜，惟阁下谅察。

信中虽自谦其词，但其中所表现出来的拳拳之心以及兢兢业业的做事态度昭然可见。

豁达超脱

博通三教所赋予的知性，使姚广孝还具有一种超然精神。他可以无心一己之利害得失，亦可以摈弃任何有目的之欲求。对他而言，心栖于深岭云松，感受着昼夜交替、四时变化的自然而然。明白了来去终始，总是顺此因缘，心便也澄澈了，便也能够了悟应对宇宙、生命的生生不息之法，就好像"声来本无始，声去宁有终"，而"禅翁已深悟，焉能动乎中"。

姚广孝晚年曾作《少师真容自跋》，文章云：

幼读东鲁书，长习西方教。抹过两重关，何者为悟道。

不厌山林空寂，不忻钟鼎尊荣。随缘而住，任运而行。

犹孤蟾之印沧海，若片云之浮太清。

了无他说，即此，便是人问我，更何如手里来珠一百八。

上述文字便是姚广孝对自身处境的一种反省与自识。参禅使姚广孝秉承本心，去观照广袤无垠的宇宙和周而复始的生命。而儒家圣贤之学，则使姚广孝寄广博之爱于人世间。他既有"不厌山林空寂"的知性出世之悟，又有"不忻钟鼎尊荣"的感性入世之爱，两者杂糅于心，便全在一句"何者为悟道"里了。姚广孝的生命里，始终散发着一种独特的浓郁而淡泊、热烈而清冷的气息，并经由其诗文展现出来。如《东归过余姚道中二首》其二云：

一舟如叶布帆轻，风顺潮平自在行。

天畔好山看不尽，相逢何用问余生。

《经院门前栽柳》云：

种木尽知松柏好，我忻栽柳易成林。

未经一月犹舒眼，宁待三年始覆荫。

根畔不堪留马驻，叶边应可听莺吟。

随堤万树知何在，流水浮云自古今。

这些诗中充满了他对自然、生命的欣赏感怀，但并非执着于面对自然永恒、生命流逝的颓然，反而以一种豁达的态度去坦然面对，予人以清新宜人之感。

姚广孝早年在杭州天龙寺任住持时，友人为之画像，姚广孝于画上自题云："貌厉春霜，心温冬煦。愚而弗明，拙以奚取？勿安自欺，宁乐人与？愿蕲永世，无毁无誉。"此时他只是孑然一僧，大志未展，故言此脱俗之念。这一想法，于他"靖难"之前的诗文中较为常见。如《秋怀五首》其三云：

　　　　日没还再出，人死无复生。

　　　　何为孛世累，忧悄不得宁。

　　　　达人乃知命，悠悠自无营。

　　　　柴桑且容老，日夕引壶倾。

《自适二首》其一云：

　　　　今年六十四，易卦数已成。

　　　　成数乃有变，我愿安余生。

　　　　人老不复壮，树衰难再容。

　　　　处世孰非客，奚须郁中情。

　　　　何以适我怀，堆凡有真经。

　　　　幽闲自是乐，宁论身后名。

《自适二首》其二云：

　　　　老年虽在客，于世无所求。

161

止饥瓶有粟，御寒箧有裘。

澹泊乃常事，素标任盈头。

死随地藏胡，用首故丘吁。

叹彼世间士，奔兢曾无休。

得之又恐失，日夕长怀忧。

富贵不是荣，贫贱不是羞。

吾看古今人，独有鲁黔娄。

既然机遇未至，功业未成，年老的姚广孝淡然以对，选择了独善其身。他以战国时的贤士黔娄为例，表达其安贫乐道、无视富贵的态度。

时隔二十多年，那幅旧像再次展示于已然功成名就的姚广孝面前，他忍不住感叹道：

昔之圆颅椎褐也，修修然岩壑之人。今之峨冠锦袍也，堂堂乎廊庙之臣。昔真而今妄耶？昔妄而今真耶？如土苴之于埃尘若然，则孰得而为大全乎。是犹空谷之响，大地之春，丹青莫能为之状，文字莫能为之陈。芒乎芴乎，更无可道者，惟以一默而为亲。

言及今昔之别，故有真妄之辨，由此遂生世事难测之念。恍惚之间，无以言说。显然，佛之出世，儒之入世，对于姚广孝来说都具有真实无妄的意义。游走于两者之间，看

162

似充满了矛盾与荒谬，实则不过是如空谷之响、大地之春一般应运而生，随势而变。无论是世间功业，还是修身慎独，大可不必偏执于其中一端，如此，才是真正的超然于世。这无疑与儒家士大夫们"穷则独善其身，达则兼善天下"的处世原则是一致的。

大体而言，姚广孝所作诗文，虽不及同辈高启之豪放清逸、沉郁幽远，却自有古淡之雅，及"性空思玄，心寂语新"之味。姚广孝兼合儒、释之学，既可退而独善己身，又可进而化育众生，自在游走于世间与出世间。而这正是他少年时"成则仕于王朝，不成则为方外之乐"的人生构想。所以在禅心的体悟下，姚广孝虽有沉郁、漫长之等待，却少了传统文士常有的欲求功名而不得的哀戚之感，融儒于佛，融宽阔、豁然之心于历史及自然，融世间之念于禅机，自可借政治之途，去往理想之世。

姚广孝功成后不改僧容，仍居僧寺，类似汉留侯张良。只是姚广孝之隐，非隐于山林，而是身处俗世，心则隐于佛乘。姚广孝于佛、于儒皆有作为，在他心里，既有系民之热忱，亦有禅思之空寂。如姚广孝这般自由转化心境，游走于世间与出世间者，乃世所少见。

第3章

姚广孝的学术思想

姚广孝的净土思想

志在净邦

综合相关文献记载来看，姚广孝的佛学思想至少经历了三个阶段的转换。其早期随入门师父宗传，具体所学为哪一宗派不可确知。妙智庵破败后，青年时期的姚广孝曾"从北禅虚白亮公习天台"，即学习天台教义，察知其中谬误之处，有所疑惑却得不到满意的解答后，"遂弃之"，或许不仅仅弃了这位师长，甚至连天台一宗的法门也一并弃了。之后，"年近三十，从愚庵及和尚于径山习禅学"。智及是纯粹的禅师，从师承关系上看，姚广孝亦当属禅宗一脉。但姚广孝在后来的《诸上善人咏序》中又说："衍不敏，早入教庠中，弃而归禅苑，虽具染指，皆无所就。然暮景渐迫，志在净邦。"可见习了禅法的姚广孝思想最后还是更倾向于净土，而且颇以此自得："广孝平生于净土法门颇有所得。"广孝之名是"靖难"功成后朱棣所赐，因此这显然是步入晚年的姚广孝的自我评价。此时姚广孝的思想已然成熟定型，故将其归为净土一脉亦不为过。对此，姚广孝的好友、同为净土思想著述者的大佑禅师，在为姚广孝《净土简要录》所作的跋中，作了一番总结："发轫于台衡（天台），穷心于直指（禅宗），博综内典，旁通百家，当壮年行道之日，而专心致志于此道（净土），真有得于此乎？"

佛教宗派之分，并非初始就有，一开始只是依据接受者的程度，即根性的高低不一所创造的不同修行法门而进行区分。到了后代，随着社会时代和生存环境的改变，以及历代高僧大德的个人研究兴趣和修持体验的不同，而对佛法教义作出各种不同偏重性的探讨和诠释，衍变所及，渐成各种宗派。姚广孝所习的天台、禅定、净土三种法门，皆属汉传大乘佛教八大主要宗派之列。

八大宗派的特点可以用一首四句偈浅而概之："密富禅贫方便净，唯识耐烦嘉祥空。传统华严修身律，义理组织天台宗。"其中的"禅贫"指的就是禅宗，始于菩提达摩，盛于六祖惠能，是中国化最为典型的佛教宗派，也是汉传佛教最主要的象征之一。至六祖惠能弘扬"顿悟"之法门，禅宗的宗旨可归结为："不立文字，教外别传；直指人心，见性成佛。"禅宗通过坐禅静虑、公案话头等方式，以求在日常生活中有所感悟，一念成佛。其修行过程中，不假外物，不重典籍，安贫乐道，故曰"禅贫"。所谓"方便净"指的是净土宗，其教义最为简单，可概括为信、愿、行，即相信净土的存在，发愿往生净土，念"阿弥陀佛"。修行净土宗的念佛法门极为简便易行，适合所有人学习，是最为方便的修持方法。最后一句"义理组织天台宗"则明确说明了天台宗的特色，即通过"五时八教""一心三观""一念三千""圆融三谛"等思想体系，将佛法划分为不同阶段和层次，是各宗派中对佛法义理的组织、阐发最为系统、最为严密的。

正是由于天台宗教理上的高度思辨和过于繁复，学习起来殊为不易，因此虽是中国佛教最早创立的宗派，却难以普及。至于禅宗的修习，虽可不再拘泥于文字所载的典籍、教理，却因其以心印心的独特修持方式，故非大悟性、大机缘者难以有所成就。这两宗的修行都没有净土宗的念佛往生来得方便，故而自宋初法眼宗（*禅宗五家七宗之一*）三祖兼净土六祖的永明延寿大师倡禅净双修以来，各宗僧人兼修净土已是蔚然成风，有"教在天台，行归净土""禅净一致"等说法。因此，虽然找不到姚广孝于净土一脉的师承关系，但他在学习天台、禅宗时对净土必然有所研习。

就汉传大乘佛法修行目的来看，无论修行哪一宗派，都是为了成佛以普度众生。不同的宗派相当于不同的路，适于不同的人，殊途而同归。以姚广孝过人的才识心志，专心深研天台、禅宗的话，未必不能有所成，却最终还是选择了净土宗，个中原因颇值得深思。从姚广孝的心性和经历来看，大致可推测一二。

净土法门简便易行的特点，应当就是姚广孝所看重的。要说是他畏难就易，或也说得过去，但未必是真正的原因。他从少时起就胸怀大志，一直渴望建功立业，时间和机遇对他来说都至关重要。一方面，姚广孝年近三十才正式学习禅宗法门，自然会有一种时不我待的紧迫感，加上禅宗修行特点所展现的不确定性，无疑会令年岁渐大的姚广孝心中无底，对于姚广孝来说，净土法门自然就成了终南捷径。另一方面，姚广孝的志向并不仅仅局限于其个人。儒家兼善天下的追求和佛家普度众生的目标无疑有着相当程度的契合，深受两家思想影响的姚广孝既然如此热衷于政治，那么他在佛法上的追求也自然会从影响力、普及性及功效性方面去考虑，即试图让更多的人能够更方便地修行佛法，因此净土法门无疑是最佳选择。

如此推测应当是较为符合姚广孝心路历程的，并且可以从其相关著作中得到相当程度的印证。

著述动机

姚广孝在净土方面的著述，有《诸上善人咏》和《净土简要录》两部。两部作品完成于姚广孝四十七岁左右，均于洪武十四年（1381）编成印行，于净土教义的传播推广上起着相辅相成的作用，但各有侧重。

《诸上善人咏》主要是姚广孝选取部分净土典籍中的典范人物来加以称颂，并附简单事迹介绍。而《净土简要录》则是关于净土典籍的目录摘要。前者侧重于人物事迹，后者侧重于典籍思想。两者的差别，不仅仅表现在内容上的不同，还表现在姚广孝著述动机上的不同。对此，姚广孝在两者的序文中分别有所表露。

撰写《诸上善人咏》时，四十七岁的姚广孝在他人看来还正当壮年，但他已对自己事业无成而焦虑不安。当年他选择出家，就是为学有成则仕于王朝，否则就学佛以求方外之乐。如今已是"暮景渐迫"，他既未仕于王朝，学禅也受事功之心的影响难达最上层的境界，其苦闷之情可想而知。深感时不我待的姚广孝不肯安然于现状，而是感慨"死期将至，故痛自鞭策"，决意另辟蹊径。

可见，往生净土不仅仅是姚广孝对现实失望而寻求逃避的选择，更是他追寻事功成就之心声的流露。因此，撰写《诸上善人咏》对于姚广孝来说，首先是出于自身的需要："傥能藉此起信，而兴念庶，吾愿遂已。"也就是说，姚广孝把撰写此作当作自身修行的一个步骤，"于礼诵之"，借此坚定自己往生净土的信愿，以证大道，当然，也兼顾着引导他人的目的。

撰写《净土简要录》的动机则有所不同。姚广孝在此作的序中，除追溯净土宗在中国的发展历程以及诸师的提倡外，明确提出此书是为缺少净土典籍的乡村人士而作。姚广孝认为，历朝以来净土之作虽多，但基本上藏蓄于通都巨郡、名山圣刹，而身处穷乡绝岛之人若想学习净土法门，常常会陷入无师可问、无书可读的窘境，以致走上邪僻谬妄的歧途。因此姚广孝采录净土诸书中破妄显理、圆妙明著之说，荟萃为一卷，并雕镂于板，以广泛传播。其目的不仅在于供大方之家、上达之士收藏阅览，更主要的是对无师可问、无书可读的乡下信佛者起帮助、引导作用。

显然，在姚广孝看来，净土信仰虽然是最为简单易行的法门，却依然有着某种弊端。即在没有典籍可以查阅，没有师长可以点拨的情况下，净土法门很容易被人曲解妄论，以致误入歧途。之所以会有这样的想法，或许与姚广孝的经历、见闻以及当时的社会现象不无联系。

时值元末，天下大乱，群雄纷起，其中一股重要力量就是白莲教。元末的白莲教融合了白莲社、弥勒教以及摩尼教（明教）的教义，其核心是属于弥勒信仰系统的净土信仰，宣扬弥勒下生、明王出世，强调光明终将战胜黑暗，主张通过斗争打破不合理的现状。由于其教义通俗易懂，直接反映了下层百姓的思想、信仰和利益诉求，且其宣扬目标和宣扬方式都比较容易为下层人民接受，故而对贫苦百姓具有莫大的吸引力。加上其相对独特严密的组织体系，往往会被利用为组织人民反抗压迫的工具，元末红巾军起义便是一例。尽管这在一定程度上推动了社会变革，但其所带来的破坏也是巨大的。

有感于此，经逢乱世的姚广孝必然会有所思索。身为佛教中人，他自然会从佛学的角度去审视其中得失。这或许正是姚广孝产生上述想法的缘由。不过遗憾的是，无论是在《净土简要录》还是其他诗文中，我们都找不到姚广孝对白莲教进行批判的任何痕迹，这一推测难以获得确定的佐证。因此，我们暂且保守认为，姚广孝著《净土简要录》的目的，就是其好友大佑禅师所说的那样："又叹以此道利益多人，《净土简要录》于是乎作也。"即净土法门有利于众人，故姚广孝为下层百姓着想，加以提倡和引导。

归根结底，在姚广孝完成的两部净土著述中，所表露的净土信仰倾向，相比于其向佛之心，更像是一种壮士暮年、雄心未已的寄托。

《诸上善人咏》的内容特色

《诸上善人咏》在 20 世纪初日本编撰的《己续藏经》中，被列入"史传部"名下。与此相类，1972 年台湾发行的《净土丛书》也将其列于"史传部"。可见编者大多认为此文只是佛教历史人物和事件的记载史料，而非纯粹的净土思想典籍。

实际上，《诸上善人咏》主要是通过诗偈歌咏的形式，将其甄选认可的"诸上善人"的基本资料和行径介绍出来。姚广孝一共选取了一百二十五个与佛门相关、往生净土的人物，如文殊菩萨、庐山慧远法师、乌场国王、白居易、黄打铁、韦提希夫人、隋皇后等各色人等，作诗一百二十二首，其中二沙弥、三父子各自共列一首。

总体来看，姚广孝所选取的对象身份繁复不一，上至菩萨贵族，下至凡夫俗子，无论男女，皆有收录。这绝非姚广孝随性之作，而是遵循了一定选取标准的。姚广孝曾在序中自述："掇取历代传记，并近朝所闻见，往生者，无问圣、凡、缁、白，得一百二十二人（实为一百二十五人），各赋诗以美之。"显然，"无问圣、凡、缁、白"就是姚广孝的基本原则，即从不同身份、地位的人士中选取具有代表性的得以往生净土之人物，以符合佛光普照、佛法遍行的教义。

明中晚期的日本净土宗和尚袋中良定对姚广孝的这部著述下了不少工夫。当时有人也对此书产生了兴趣，但对书中文词有些疑问，再三请教于袋中良定，于是他撰写了《诸上善人咏略释》以答之。全书刊于1661年，至1833年曾再版，可见此书在日本流传甚久。他在《略释》的序文中提道："此书宗门贤哲，集录诸家龙象之往生，以励末代，于净家安心辅翼也。"通过深入研究，他体会到了这一百多人的组合方式和所代表的意义。

他认为，排在最前面的七位菩萨，是为了表明理智的往生目标；其次则是佛教徒的四众，即比丘、比丘尼、优婆塞（在家男众）、优婆夷（在家女众）。从菩萨到比丘、比丘尼，都属于出世之众，不需要按身份高低来排列，以表示佛法的众生平等、永世流传。而优婆塞、优婆夷是世间之众，故须依照君、臣、士、庶的顺位排列。因此，姚广孝在编排顺序时，以文殊菩萨为最初，统摄全篇，次列以慧远法师为比丘之首，其次以隋尼大明为比丘尼之首，再次以乌场国王为优婆塞之首，最后以韦提希夫人为优婆夷之首。

袋中良定和尚如此诠释了姚广孝的创作意图，但还有不够切的地方。乌场国王、韦提希夫人与七位菩萨相似，都是出现在净土经论中的相关人物，可以看作一种法源的象征。而对于现实徒众的安排，不仅按四众进行了区分，还兼顾了各自所处历史时代的先后顺序。如在庐山结白莲社、念佛往生的慧远法师，是公认的中国净土宗之初祖，而隋朝女尼则是出家女众中第一位有往生资料流传的，故两人各居其首。而第七十位的梵琦禅师，便是明初的高僧，为比丘众的殿后，显然符合了时序的排列。先后顺序显然比地位顺序更为优先，如贞观年间不知名的汾阳老人就排在柳宗元、白居易之前。

其实类似的整理排列早已有之。最早的是南北朝时期的《东林十八高贤传》，详细收录慧远法师以下十八位与庐山莲社相关者的事迹。之后又有唐朝道选和尚所著《往生西方净土瑞应传》，集录自慧远以来四十八位愿生西方者的事迹。北宋、南宋时多有这方面的著述。可见这种人物资料结合净土往生感应而成的笔录故事并不鲜见，因此日本近代佛学者望月信亨就认为姚广孝的《诸上善人咏》并无什么创见。但仔细辨析之下，还是能够发现两个重要的特别之处。

一是开头七位菩萨的列入。此前所有类似著作都只关注现实人物，大多以慧远法师为首。姚广孝此举并非单纯的标新立异，显然有着他自己的考虑。姚广孝自述说："上而至于信、住、行、向菩萨，下至天人群生，及乎蜎、蚩蠕动，凡抱识者，能发愿系心，称念礼赞，无不遂其往生焉。"可见他把菩萨作为典范，向世人展示信佛念佛之法门正途，使四众皆能坚定修行，信奉不疑，从而得以往生净土。

二是表现手法上的创新。此前著述皆以叙事为主，篇幅都比较长，详尽之余却不太利于口头传诵。姚广孝另辟蹊径，将诸人事迹凝练于七言四句的诗歌中，然后辅以事迹简介。这种择其重点、简而要之的做法，显然是姚广孝希望其书便于广泛传播而创的。其好友大佑禅师就指出了这一点："欲以古圣贤之风，广被于无穷也。"这也使得姚广孝采用了白描的朴素风格，如《庐山慧远法师》云：

　　不出庐山种白莲，开坛立社集群贤。

　　圣容三睹金池上，知与弥陀大有缘。

诗中前两句简单概括了慧远法师在庐山开佛坛、立莲社、从者云集的佛门盛况。后两句则借慧远临终前预知大限将至，才以一生三次见佛之事告知弟子的典故传说，赞颂慧远法师坚守佛法的同时确定了往生净土的可行。

又如《黄打铁》云：

　　念佛时时不绝声，青莲华已载芳名。

　　须知一块邻州铁，不用功夫炼不成。

将凡人俗事与佛理禅意用朴实无华的语言联系起来，语意浅明，读之令人信服。可见姚广孝在《诸上善人咏》中运用的语言技巧非常简朴，毫无卖弄和藻饰的意味，符合佛经中偈颂和长行并行的惯例，易读易记，适于大众。

《净土简要录》的思想倾向

与姚广孝在《诸上善人咏》中创造性地运用诗歌形式这一做法相似，姚广孝撰写《净土简要录》，也是为了适应大众的需求，以利于佛法的广泛传播。他编辑此书，主要是为了让穷乡僻壤处无书的佛教徒参考。不过就另一方面而言，他所采撷的资料本身就表明了他的思想倾向。

就当时净土宗的发展情况来看，自北宋初净土六祖永明延寿大师作"四料简"、倡禅净双修以来，三百余年未出有影响力的人物、学说。尽管元代弘扬净土的还有明本、怀则、普度、性澄、大佑诸名僧，但一般是参照天台等宗的教旨来阐发唯心净土之说。正是由于深受永明以来禅净双修的影响，当时刊印发表的净土著述虽是不少，但或是集录唐、宋诸家之语要，或是赋诗陈述愿生净土之感怀，实无太多创见。这种情况或许也与净土宗本身简便易行的特点相关，无须深究佛理，发愿念佛即可，即所谓的"心外无法"。受此影响，姚广孝的净土思想无疑也属于这一潮流。《净土简要录》是一部选抄辑录，姚广孝通过广泛阅读，从包括《庐山集》《十疑论》《弥陀通赞》《安乐集》等三十余部历代净土著作中，摘抄出自认为重要的教义佛理。其摘录的重心，放在了大力倡导除疑生信、追求往生西方净土之上，如："故一佛即一切佛，一切佛即一佛，法身无二。故炽然念一佛时，即是念一切佛也。"以此说明念阿弥陀佛即是修行的法门。

又如："大医王能治一切病，不能治命尽之人。佛能度一切众生，不能度一切不信之人。以不信比命尽者，可谓极矣。"以治病、治命之说来强调"信"之重要。

又如："参禅取大悟，不肯修西方。如人有一品官而不受，必欲修学为大魁，其志甚美。然大魁不可必得，不如且受一官。然后一面修学，如得大魁则锦上添花，若不得则不失其为官。"以为官与为学之同异来说明禅净无碍。

又如："欲得净土，当净其心。随其心净，即佛土净。若心清净，所在之处，皆为净土。譬如生在国王家，决定绍王基业，发心向佛道，是生净佛国。其心若不净，在所生处皆是秽土，净秽在心，不在国土也。"以此说明以净心求得净土。

由这些摘录所体现出来的姚广孝的净土思想倾向，用姚广孝所摘慈觉宗赜法师的话来说，就是："念佛不疑参禅，参禅不疑念佛，法虽二门，理同一致。"这一净土思想，基本上还是属于偏重参禅的念佛，与晚明专弘持名念佛的主要潮流有所不同，从修行的普及性上来说，仍然不是一般没啥基础的乡人所能掌握的。因此就实际效果而言，姚广孝的这部著述未能如其所愿，得以广泛传播，而是泯然于当时的各种净土著述之间。

不过，书成刊印两年之后，北平前任圣安禅寺住持性海和尚翻阅此书及《诸上善人咏》时，赞叹说："披颂再四，不忍释手。观禅师之用心，直欲使十方恒河沙数世界一切众生同趣极乐国土，厥功厥德，难思难议，讵言说所能赞美者哉。"可见姚广孝的两部净土著述，在其还没贵极人臣时就在教内产生了较大影响。显然，考虑到姚广孝在明初政治界和佛教界的巨大影响力，他调和禅净一致，提倡念佛法门的思想，对当时的净土思想的确起到了重要的导向作用。

因此，日本明代思想史研究者荒木见悟还是认为，此书与《诸上善人咏》并行，是"欲知明代初期净土教之倾向，不可不读之重要典籍"。牧田谛亮也认为："道衍终于归入净土一门，他的后半生可谓反映当时中国佛教之实态而无遗。"他认为这两部净土著述的基础，就建立在当时佛教界禅净混融的大势之上。在他的论文资料中，还提到姚广孝的《莲室集》，即其净土著述合集，是日本幕府将军足利义政

（1436～1490）置于别业东求书院的最佳经典。可见，姚广孝的净土著作，曾在日本被珍视研读过，甚至获得了学者的高度评价。

护教之作《道余录》

创作背景

永乐十年（1412），年近八十的姚广孝整理出版了反排佛的《道余录》。这是晚年的姚广孝利用其特殊的身份，在佛教事务上所做的一件大事。

《道余录》是姚广孝从佛家观点出发对宋儒攘斥佛、老学说的反驳。姚广孝在序中记叙他著述此书的原委时说："三先生（指程颢、程颐、朱熹）因辅名教，惟以攘斥佛、老为心。太史公曰：'世之学老子者，则绌儒学，儒学亦绌老子。'道不同不相为谋，古今慨然，奚足怪乎？……三先生因不多探佛书，不知佛之底蕴，一以私意出邪波之辞，枉抑太过，世之人心亦多不平，况宗其学者哉！"他因此择《二程遗书》二十八条（其中程颢七条、程颐二十一条），《朱子语录》二十一条，共四十九条"极为谬诞"处，"乃为逐条据理，一一剖析。"他还声明非敢与三先生辩驳，乃

"不得已也"。

如此"不得已"的情况下，姚广孝为什么要挑战当时已逐渐居于理学大家的程朱之学，这是一个值得思考的问题。

姚广孝此举显然直接关系《序》中所说的二程、朱子的排佛言论。二程指程颢（1032～1085）、程颐（1033～1107）兄弟，分别称为明道先生、伊川先生。两人受学于周敦颐，同为北宋哲学家、教育家，北宋理学的奠基者。二程学说后为朱熹（1130~1200）继承发展，世称程朱理学。在程朱理学思想体系的创建过程中，一方面，二程和朱熹虽以儒家为宗，但也或多或少吸收了一些佛、道的思想理论，使天理、人伦、仁政得以内在统一起来；另一方面，他们又有感于当时谈玄论禅之风过盛，意图以"辟异端为己任"，极力排斥佛学。

实际上，自佛教传入中土得以发展之后，魏晋以降，儒学受到了佛老之学的挑战，三家之学开始了互相排斥和逐步融合的进程。尤其是佛学对儒学采取了较多的兼容态度，致力于消减二者的理论距离，在融合上表现出相当的主动性。因此至唐宋时，道学影响渐弱，而佛学日盛。"两宋诸儒，门庭路径，半出入于佛老"，甚至程颢及程门弟子、朱熹都曾受其影响。为捍卫自己的地位和纯洁性，唐宋诸儒急起排斥异端之学，尤其以为佛学危害最深故而着力于排佛。

宋代理学家们试图从理论源头上昭明儒学与佛道的界限，从根本上揭明佛道之非。但是，他们未能从心性源头即深层义理之别上辨析清楚儒、佛之界，仍然未走出站在儒家立场上，以义利公私之辨的尺度批评佛道的窠臼。究其原因，主要在于理学乃融合释道义理而成，其理论体系很大程度上是改铸释道的产物，故而要想从根本上辨明儒佛之别殊非易事。

纵然如此，宋代理学家并未放弃对佛学的批评，反而在批判佛学的过程中，逐步意识到两者的差异，从而构建起以"天理"为代表的内在入世信仰体系，来对抗佛学的外在的出世信仰。程朱理学不仅认为天理与人之本性同体共在，而且以天理作为社会规范体系和实践道德准则，赋予了社会利益划分原则和实践道德以神圣性和权威性。这一政治哲学化的思路，恰恰为封建统治提供了更为精细的理论指导，适应了思想上增强专制的需要，逐渐为统治者认识和接受。

在经历了南宋、元代复杂曲折的官学化进程之后，理学为适应封建统治者的要求，实现了学术意识形态化，更为务实。不过，由于元代较为开放的宗教政策，佛学依然有着很大的影响力，并一直延续到明初。

明朝建立以后，理学逐渐受到最高统治者的青睐。出于稳定政权的需要，加上当时较为浓厚的三教交融氛围，朱元璋多次撰写文章，发表谕令，意图调和儒、释、道三教，以期皆能为己所用。他在《三教论》中明确指出儒教为"万世永赖"之主流，也阐明了佛、道二教"暗助王纲，益世无穷"的功效，强调三教对百姓"愚人"不可或缺的教化治世作用。洪武十七年（1384），也就是姚广孝以高僧身份奉旨往赴北平的第三年，翰林待诏沈士荣就著有《续原教论》十四篇，主张调和儒、释两教的冲突，对宋儒程朱的排佛力为疏解。沈士荣立意为佛教辩护，但由于他本人出身儒家，持论平和，颇投合朱元璋的三教政策，故朱元璋为之诏文奖励。随着统治的稳固，理学家的影响逐渐加大，刘基、谢缙、方孝孺诸人都致力于圣人之学的教化。朱元璋也逐渐加强了对佛教的管理，设置了僧官制度、考核制度等。

到了明成祖时期，由于姚广孝的关系，朱棣对佛教还是颇为倚重。但佛教只是其统治的工具，因此在优遇、保护之外，是严厉地管制和限制佛教。而且朱棣进一步向理学靠拢。永乐二年，饶州府士人朱季支著书上献，"专斥濂、洛、关、闽之学，肆其丑诋"。朱棣览后大怒，说"此儒之贼也"，下指示对其严加惩处："谤先贤，毁正道，非常之罪，治之可拘常例耶?"敕命将其押送回籍，集合地方官员及乡之士人，"明谕其罪，笞以示罚，而搜检其家，所著书会众焚之"，并谕诸臣："除恶不可不尽。悉毁所著书，最是。"

后来又以程朱为标准，汇辑经传、集注，编为《五经大全》《四书大全》《性理大全》，诏颁天下，即所谓"合众途于一轨，会万理于一原"，作为治国齐家的统一法理和准则，遂使程朱理学取得了独尊的地位。

对于朱棣的用意，姚广孝是十分清楚的，但他仍然将驳斥程朱的旧稿整理成文，显然是经过了反复考虑的。

著述动机

明成祖朱棣的文教政策，开始以儒家为主，释、道为辅，或许与朱元璋时的政策相比，变化并不太明显。但姚广孝还是从这一微妙转变中察觉到了一丝危机，对佛教的未来遭遇充满不安。这未必是姚广孝的杞人忧天，因为历史上就多次出现过大规模的官方排佛灭佛运动，令佛教几遭灭顶之灾。于是大约在同一时期，姚广孝撰写了《佛法不可灭论》，依据史实，论证排佛行为之徒劳无功。

《明史》上记载姚广孝所作《佛法不可灭论》有一卷，但从现存文字看，不过是一篇七百余字的文章，难以称一卷。而且从文中尊称"少师"来看，不像是姚广孝自述，倒更像是某人与姚广孝讨论后写成的。因此，或可推断此文并非姚广孝的原著，或者只是原著的序文。不过，从中我们还是能够把握姚广孝的思想脉络。

《佛法不可灭论》中记述，某人认为佛法之害甚于洪水，称有势力者必能灭之。姚广孝遂举三武一宗及宋徽宗灭佛之事，说明佛教随灭而随兴，且兴之愈盛。某人又问天能灭之否。姚广孝回答：天能灭而不敢灭，因为诸天奉行佛之教法唯恐不逮，又怎敢言灭佛。随后姚广孝又据佛祖修成正觉，化人为善之事，认为乐于拜他人为师的孔子若见佛，必尚而师之，且佛在凡不减，在圣不增，犹太虚空，怎么可能被灭，由此嘲笑唐之韩愈、宋之欧阳修等人欲从言论上灭佛，不过如精卫之欲填东海、蝼蚁之欲穴泰山一般不自量力。

由此可见，姚广孝对排佛灭佛之事有所阐发，显然是对当时程朱理学渐盛及佛教开始逐渐走下坡路的社会趋势有所警醒，从而促使他对佛学进一步深入解析。

而根据《道余录序》的说法，姚广孝早年随智及习禅时，阅读二程和朱子的著作，发现三位先生虽为世之真儒，但"因辅名教，惟以攘斥佛、老为心"，故认为此虽是道不同不相为谋的现象，但要据理，至公无私，则人心才服。他批评二程和朱子，"因不多探佛书，不知佛之底蕴，一以私意出邪波之辞，枉抑太过"，世人都感不平，对佛书有素养的佛教学者就更不必说了，故进行了反驳。

出现在《道余录》中总共四十九条的程、朱排佛语录，是姚广孝认为"谬诞"的，所以逐条据理，一一剖析。《序》

中语意，流露着对程朱排佛偏颇心态的不满，以及本身对佛教义理正确认识的自信。他不认为这是"佞于佛"，而是还给佛教公道的"不得已之举"。

但稿成后，姚广孝并未马上公开发表，而是一直藏于巾笥。从现有资料中很难确知此著述究竟完成于何时：或许是姚广孝年轻气盛时，护教心切，愤而反驳；或许是入明之后迎合朱元璋的思想倾向，以求调和儒佛；又或许是身居高位之时，痛感时事，预作谋划；当然，更有可能的是其经年累月思索的结果。

直到永乐十年退于公务后，其时已年近八旬，自知来日无多的姚广孝，利用自己的特殊身份，才将《道余录》整理成帙，公之于世。姚广孝在序中已然申明："士君子有过余览是录者，知我罪我，其在兹乎！"他很清楚，这些反排佛的言论，在理学日益占据主导地位的社会环境下，必然会引起儒学士大夫的反感与排斥。这一藏一展之间，显然都有着姚广孝自己的考虑。

日本学者荒木见悟对《道余录》的著述动机有相当深刻的分析。在其所撰的《佛教与阳明学》一书里，他检讨明代儒佛交涉，指出明初太祖以来的文教政策，即以"朱子学"作为核心，因其对名教伦理的培养和构筑其上的官僚机构，在政治制度的运用上有一基准可循。但"朱子学"中对佛教和道教的激烈攻击，将其视之为儒家异端的心态，并不为朱元璋所采用。太祖因元末战乱后要收揽民心，抚慰战殁生灵，必须借重佛、道的宗教力量，故以"天下无二道；圣人无二心"的说法，强调三教一致，使佛、道得以"暗助王纲，益世无穷"。姚广孝特意整理著述《道余录》，显然是为了"本着太祖三教平衡的观点，反驳程、朱排佛的不当，为儒、佛未来的共处留余地"。

荒木见悟的看法极具启发性。大陆学者马书田亦撰有《明成祖的政治与宗教》，提及"明成祖在位期间，始终是以儒术作为思想统治的核心""以佛、道为辅""弘扬佛、道，旨在利用，并不溺于佛、道"，姚广孝"身处其中，洞悉无遗，然为佛教着想，唯有著书委婉劝告"。这些分析，当是切合姚广孝的思想实际的。

因此，姚广孝著述《道余录》不是为了挑起儒释的争斗，故开始的时候只是引而不发。但事态的发展，令他感觉到争取佛教在中国生存与发展的权利的紧迫性，才甘冒风险奋力一搏。《道余录》只是为回应儒学大宗明道、伊川二程及晦庵朱熹对佛教的批评，也就是一部反排佛的护教之作。从中国思想史的角度来看，姚广孝所撰《道余录》其实是宋元以来佛教护法书中的一本。此前沈士荣亦为佛教辩护，但他是儒士出身，虽懂佛理，态度上较温和，故儒教之士受刺激较小。而姚广孝以佛教徒的身份，在排佛思潮风起云涌之时，觉察到佛法衰灭的危机，为了替佛教徒争得一线生机，不惜以激昂的语调，公然与程朱的排佛论针锋相对，却为其时绝无仅有者。由此可见姚广孝以护持佛法为使命自任的胸怀与气概，故明末过庭训称"盖其天姿超旷，不屑依人为可否，故自伸其所独得者如此"。

反驳程颢

程颢是宋代的排佛论极重要的代表。《道余录》中，程颢的排佛资料只有七条，但涵盖面甚广。他从儒学角度批评出家是违反伦常，是"绝伦类"，而出世者实无处可去。于是，程颢担忧："若尽为佛，则是无伦类，天下却没人去理。"他认为提倡这种教理的佛陀，是个自私、独善、枯槁、自适山林的"懒胡"，在世上是多余的，想要在教法上周遍却实不可得。

程颢这些诘难，牵涉到儒、佛生死观的差异，涉及对社会责任的承担与否，以及价值大小、人格高下的问题。对此姚广孝从两个方面举例反驳，认为程颢"未知佛未尝绝伦类也"。首先，他举佛家之例，说佛祖释迦本人曾娶妻生子，说明佛教本身并不要求断尽人伦。然后，他又举儒家之例，说历史上吴泰伯为让王位，逃至荆蛮之地，孔子称赞为"至德""而于吴庙食万世";伯夷、叔齐两人，以谏武王伐纣不听，隐于首阳山，不食周粟而死，后人重之，孟子"称其为圣之清者"。姚广孝引用儒家尊奉为圣人的孔、孟之语，以说明相比于立身行道而言，"绝伦类"也不至于严重至如程颢所言的"世上不容有此理"的程度。

举了儒、佛两教圣人观点为据之后，姚广孝又引用经典《华严经》为依据，说"世间法即出世间法，出世间法即世间法"，以证明佛教出世无定法，不必然执着于出家一途，况且，现实中的佛教有在家、出家之分：出家者为比丘，割爱辞亲，剃发染衣，从佛学道；在家者为居士，尽行五伦之事。可见佛教徒也是讲人伦的，怎么能说佛教全是"绝伦类"呢？即使佛教"绝伦类"，难道"世上就不容有此理"吗？

姚广孝由此反驳道：所谓佛法让人舍弃忠孝仁义的说法，乃是程颢杜撰；真正的佛只是教人持戒修善，以报君、亲、师、友及檀信之恩。为了这一大事因缘，佛陀出世，启蒙众生成佛之道，绝非如程颢批评那样，是个自私、独善、枯槁、山林自适而已的"懒胡"。而且，程颢一边说佛是"懒胡"，另一边却在回答门人关于"佛可敬否"的疑问时又说："佛是胡人贤者，安可慢也！"姚广孝指出这两种说法自相矛盾，程颢之不严谨实非道学君子应有的态度，并认为程颢如果多阅佛书，明白解佛之道的无穷周遍，就不会怀疑佛法的普遍性。因此他批评程颢说："盖因程子存物我之心，滞于一偏，而不能撤藩篱而为大方之家也。悲夫！"

就儒、佛两家论性不同的问题，程颢认为，儒家圣贤论天德，是道性合一的，是自家天然自足之物，本质为善。禅者不明此理，妄图更换自身底性，视山河大地为幻妄，乃"强生事"之举。即以生死而论，程颢批评佛学"只是以生死恐动人"，佛学中充斥着解脱生死的言论，说明"佛之学为怕生死，故只管说不休"。程颢认为下俗之人非常容易被生死之说哄动，故禅学者究其本质，也是由于有此功利心理才学佛法的，其实"圣贤以生死为本分，无可惧，故不论生死"，《传灯录》一千七百人中没有一个能领会"朝闻夕死可"的道理，如若明了"曾子易箦之理""必不肯削发胡服而终"。

对此，姚广孝引《首楞严》和《圆觉经》，指出程颢称佛教"说妄说幻"的说法是他自己强加给佛的，"佛未尝有此说"。他又说，人自性清净，如莲花出淤泥而不为污染，众生烦恼亦不能污染清净本性，山河大地是人迷失觉心而生的有为相，只要入证寂灭，便不会起生灭之相。他认为如果真正明了孟子所说的"万物皆备于我"的道理，程颢绝不会说"禅者强生事"了。

至于程颢批评佛教徒怕死，为生死之念所驱遣，姚广孝质疑道："《易》曰：原始反终，故知死生之说。岂不是圣人论生死邪？"他指责程颢"圣人不论生死"之妄说。姚广孝认为其实佛说生死只是让世人了解生死之性空轮转，并举佛祖、师子尊者、静霭法师为例，说明佛学者并非怕生死，更非以生死恐人。而对程颢以"削发胡服"来指责佛教的说法，姚广孝更觉荒诞，反驳道："圣人之道，岂专在形服上也。"在析证"冠履"与"圣人之道"并无逻辑上的必然关系后，他嘲笑说："明道直欲六合之间，四夷八蛮，凡戴发含齿者，必欲从周制衣冠，方信是会圣人道。明道之执见僻说，若委巷之曲士，诚可笑也！"

此外，程颢深感佛教"惑人"有术，从当时谈玄论禅之风对知识分子的巨大影响来看，他认为就是多几个孟子批驳也是无济于事的，只好感叹佛教："昔之惑人也，因其愚暗；今之入人也，乘其高明。"其无可奈何的神情，跃然纸上。由此，程颢责难"道之不明，异端害之矣"，直斥佛教为异端。

对此，姚广孝毫不客气地给予了反击。他认为，天资高者才能领悟深奥哲理，绝无反而陷溺愈深之理。例如颜子默识，曾子一唯，以及迦叶对佛拈花微笑的著名典范，都是最佳证明，因此"今日若有孟子闻禅者说，未必不击节叹赏"。

儒学者于谈禅论佛时谈论性命道德，乃本分之事，且两千年来社稷伦常之事未因佛教而断绝。佛法并未妨碍本分之事，不知佛学为害何事？天下习禅成风，程颢既然救之不得，不若相忘于江湖，何必拘泥于小节而自苦。

从历史大局上看，姚广孝则论证道："道之不明，其来久矣！非惟佛老为异端害之也。三代之末，百家诸子竞起，角立淳厚之气日销，浇薄之风日长，莫非天运使然尔。若欲人心复古，不悖于道，除是唐（尧）、虞（舜）、周（公）、孔（子）复生，通乎神明，以化治天下则可也。若不如是，无可奈何，则得各从其志。"他不但委婉指出两者变迁的背景，指出在这种情况下，要人人再如在远古之世那样淳朴无争，是不可能的；同时也清晰表明了自己所持的立场，针对程朱对佛教思想迅速发展的担忧，指出佛教之兴衰乃是时运所然、自然之势，个人的力量是不可能强力扭转的。整段话就是要人明了，思想的变迁是自然发展的结果，既然不可能复古，则彼此应尊重对方的立场，而这正是儒、佛是否能相处的关键所在。

反驳程颐

《道余录》中所收录程颐的排佛言论较多，有二十一条。但程颐对佛学研究不深，姚广孝反驳起来比驳程颢要轻易和

190

简单，主要集中在以下几个方面。

一是佛家教义学说方面。程颐认为"神与性元不离"，死后俱销，故佛家"偷胎夺阴"乃是妄说。姚广孝便举黄龙祖心禅师对此问题的解释，指责程颐自造此说污蔑禅学者，斥其"良心何在"。

程颐又认为禅者的"理障"之说，是不明天下一理，将执持此理认为是"障"，其实是将己与理一分为二，否则，"既明此理，夫复何障？"

姚广孝则解释佛法中"言理无孤单法"，有理便有事，若执理而违事，是谓"理障"也。他所认为的万事万理，不可执一，否则成"障"，与程颐所认为的天下万物之理都源于最高范畴的"天理"，明理而无障，其实是两回事。两人都是各说各话，故意偏指一旁，互相搭不上头。

程颐批评佛家"成住坏空"的事理盛衰之说，认为所谓的住与空并不存在于消长盈亏之中。姚广孝反驳，佛说的成住坏空为一切事物发展的不同阶段，就像春夏秋冬为一岁，事物成则现存为住，坏则后没为空，不可割舍，此是显而易见之理。

程颐批评禅家出世之说乃是自欺欺人，如闭目不见鼻而鼻自在，想要出世却又出得了哪里去。姚广孝引《华严经》说，入得世间离得世间，嘲笑世俗无知之人将世间与出世间

191

割裂开来，不知世间即出世间，出世间即世间，犹如痴人说梦。

二是佛家为人行事方面。程颐坦白承认，他虽不知佛道教义，所攻击的主要是佛的事迹，不过事迹也是因教义而生，事迹有问题，必然于教理上有其源头，因此在义理方面，若佛之道"不合于先王，固不愿学也。若其合于先王，求之六经足矣。奚必佛！"

姚广孝质疑，程颐如何能在不知佛法教义的情况下，评判佛教事迹之是非并加以诘难攻击？他认为，孔子无常师，所以集大成，佛不比诸子差，程颐却不效孔子的做法而师之，"亦陋矣！"他进一步挑程颐的语病，说程颐认为佛说不合先王则不学，固然不错；即合先王，也不想学，则必先明白佛法和六经有类同之处，甚至借用佛理来补充完善六经不足之处，如此一来，如何避免"偷佛"之讥？

程颐认为，禅学者既然已悟道，却又需要通过他人来指点印证，实际上还是未能真正领悟，因此佛学乃是"信人之语不可言自信"。姚广孝举了一些例子，如通过煅烧以辨金之真伪，如孔子称许颜回和赞同曾点，如禹闻善言则拜，如舜乐取于人以为善，来说明就算自认为掌握了道理，也还是要通过一定的检验印证才能择善而从之，与是否自信无关。

程颐指出，要知佛教"卒归乎自私自利之规模"，因天地之间"有生便有死，有哀便有乐"，佛教却"占奸打讹"，言"免死生，齐烦恼"，所以"卒归乎自私"。姚广孝反驳，程颐一边说佛学之高深，一边又说佛自私自利，连三尺小童都知道世间生死哀乐之理，佛又如何去"占奸打讹?"

程颐指责禅学者只看到市井之人忙碌营生，却看不到自己于行住坐卧之间时刻留意于悟道，那才是最忙的。姚广孝直接反问："如士君子之学于圣人而曰：道也者，不可须臾离也。亦忙矣乎?"

三是佛学在世间影响方面。程颐注意到"世之学者，多入于禅"的现状，对此他提出："学者于释氏之说，直须如淫声美色以远之，不尔则驳驳然入于其中矣。"姚广孝认为，释氏之说无非化人为善，程颐竟然比之为淫声美色，此举显然过分。

程颐认为，禅学者喜好空谈性命之论，却不知世事，实无所得。姚广孝也赞同批评这些口头上夸夸其谈者，认为无可厚非，但这些人只是佛教中鱼目混珠之辈，不能一概而论。

程颐认为，时下禅学者修行上要求寂灭湛静，形如槁木，心若死灰，实为谬途，提出佛教"既如死灰枯槁，却又何处有事?"因此，禅学实际上"只到止处，无用处，无礼义"。

对此，姚广孝认为，"形如槁木，心若死灰者"学的不过是外道邪禅，连佛祖都认为这种人只是魂不散的死人，而佛法力求周遍，"不舍一法"，有止即有用，否则就会如"车之无轮，鸟之无翼"。这个"用"，是就禅门而言，指的是佛法"不害事"，故他亦可自称禅学有"用"。这与程颐所要求的儒家"经世致用"并不一致。

反驳朱熹

朱熹是宋代理学的集大成者，他的著作成了"官学"，是国家科举制度使用的教本，甚是权威。朱熹早年时深受长辈影响，曾出入佛、老之学十余年，直到三十岁后才拜程颐的三传弟子李侗为师，专心儒学。这种转变，使他一方面对佛、老之学有相当的了解，另一方面又迫不及待与之割裂，因此他的排佛言论极多。钱穆在《朱子新学案》第三册，特列《朱子论禅学》上下及《朱子论禅学拾零》章，汇集了最详尽的资料。钱穆并且说："使中国此下终不竟成禅家天下，朱子之功为大。"在《道余录》中，姚广孝挑出其二十一条排佛言论加以辩驳，相关的批评与反驳包括以下几个方面。

第一，伪经问题。朱熹认为达摩之前的经书多有剽窃老、庄之说，以老、庄之书伪造成佛经，经中平仄押韵之语乃是后人假合。又据传闻指责《维摩诘经》为南北朝时萧子良之徒撰。他还认为《圆觉经》前两三章好，后面只是"无说后强添"，而《楞严经》当初只有阿难一事，及那烧牛粪出一咒，"其余底皆是文章之士添"。

对此，姚广孝追溯早期译经不得不使用老、庄之语的情形，并一再指出，《般若》《华严》《涅槃》《楞伽》等佛经则"立法自成一家"，无一言似老、庄，至于追究出于后人之手的平仄押韵，不过是朱熹不论大体、责其枝末罢了。有关《维摩诘经》的作者问题，他批评朱子忽视此经有三种译本，包括三国吴支谦译三卷，后秦时鸠摩罗什译、僧肇注七卷，以及唐玄奘译，更名为《说无垢经》六卷，即有不同时期的三个译本出现，但绝非伪撰。他质问朱熹："于格物致知之学，讲之甚熟，如何此事却不格也？"而尤其让他感到愤慨的，是朱熹对《楞严经》和《圆觉经》的嘲笑。这两经是当时僧家主要阅读材料和思想来源的佛教典籍，因而姚广孝详细考证之后强调："经中不曾有此说也。"他进一步反唇相讥："晦庵师儒先生道学君子，如何妄说烧牛粪这一等鄙恶之事，涂污佛圣，于理事可乎？晦庵既要主张斯文，传圣人千载不传之学，如此用心，与市井间小人争贩卖者之所为何以异哉？可怪！可怪！"

第二，佛教为"夷狄之教"问题。佛教来自天竺外域，"尊王攘夷"的儒学者常在这方面大做文章。朱熹就批评其

195

入中国迷惑人，鬼神依人而行，不用牲祭，亦被迷惑。姚广孝据理力争说："佛氏之教，无非化人为善，与儒者道并行而不相悖。不相悖者，理无二也。"也就是说，佛教与儒家一样，是有功于治道教化的，只要有利于治道，就不应问其出处，至于不像儒家那样采用牺牲祭牲，只是出于仁心，以此责难"朱子何见之不明如此"。

第三，佛教自私，灭绝人伦问题。朱熹言"佛是人伦都灭尽"，甚至"到禅时义理都灭尽"，又说，"被异端说虚静了后，直使令学者忙得更不敢睡"，所以"佛氏之失，出于自私之厌"。对此姚广孝是不能同意的，他举《入楞伽》《法华》《华严》典论来说明佛家并未要求灭尽人伦义理，且"自私之厌。二乘外道，断灭之见，非佛之究竟法也"。

第四，禅学的弊端问题。朱熹认为，僧家优秀，禅行相应，是资质良好，于禅之效能无关，即号称"尊宿禅和者"，亦未能得"寂灭"。大慧宗杲做事全不通，点检喜怒更不中节。姚广孝承认，佛门中确有"弄虚头禅者"，不过儒门中亦有言行不一的秀才，这是"教门中人之不才，非释迦、仲尼之罪也。朱子当置之勿论"。但他反对朱熹对大慧宗杲的批评，大慧宗杲是与朱子同时代的著名禅师，朱子早年曾受其影响。姚广孝认为他"忠孝两全"，因其"不阿秦桧"为忠，为无后的俗家立嗣为孝，至于其"嬉怒笑骂，无非佛

196

事"，可谓"大象不游于兔径，大悟不拘于小节"。

第五，佛教见理不澈问题。朱熹认为，佛教的"知死"，只是学告子"不动心"，并无奇异之处，"释氏之见，盖是瞽见水中天影耳"；佛陀是个说大话的人，《法华经》中开口便说"恒河沙数，几万劫、几千劫，更无尽底年代""佛氏见影"，朝暮说个不停，"至于万理错综都不知""未作用时，性在何处""禅家偷生夺阴"之说，并非正理。对于这些诘难，姚广孝给予义理上的辩正，认为告子之不动心，不足以比拟佛家预知大限，"克日克期"而死，而佛家之见，大小皆宜，非朱熹所言"见水中天影"，至于《法华经》中的恒河沙劫，只是朱熹无法理解罢了，并非夸大之言。所谓作用为性，相当于"如义学之即体之用，即用之体"，从未听闻过佛教要"专以作用为性"。佛教讲心识无尽，轮转于生死之间，与儒家的"形气聚散"不同，更非"偷生夺阴"的邪说。且洪武年间，因太祖证实的"借尸还魂"之事，足以说明轮回之可能。这些言辞在说理的深度上无特出之处，皆僧家常闻之语。

第六，佛教影响力的问题。朱熹认为，佛教入中国，信仰者甚众，此种巨大影响力，使学者忙得不敢睡。朱熹以辟"异端"为己任，对此忧心忡忡，称"释氏之教，其盛如此，如何拗得他转"，自认连自己在内，至多二世，可以抗拒此种影响，"三世之后，亦必被他转了"。所以他期待"大圣人"出来化导，抵御佛教对儒学的侵害。显然，朱熹认为这是儒学者必须重点关心的问题。姚广孝对此论调大不以为然，在他看来，朱熹极言佛教影响力之大，恰恰正是佛教"合于道"的反映。所以他引用了朱熹的《久雨斋居诵经》，诗云："端居独无事，聊披释氏书。暂释尘累牵，超然与道俱。门掩竹林幽，禽鸣山雨余。了此无为法，身心同晏如。"以朱熹之言反驳朱熹，可谓以子之矛攻子之盾："以此诗观之，晦庵心中未必不信佛也。佛书暂得一阅，尚有如是之益，何况终身行之者乎？"

思想概括

在《道余录》中，姚广孝对程朱理学的排佛进行了激烈的辩论与反驳，涉及佛教生死存亡的几个重大问题，概括来说，主要有以下几个方面。

第一，关于佛教篾弃礼法、灭绝人伦的问题。

第二，关于佛教以生死恐吓世人的问题。

第三，关于佛教"说妄说幻"的问题。

第四，关于佛教是"夷狄之法"的问题。

第五，关于佛教以"异端"害道的问题。

第六，关于佛教剽窃老庄和伪经甚多的问题。

第七，关于佛教空谈性命无益世事的问题。

第八，关于佛教为人处世丛生弊端的问题。

第九，关于佛教见理不澈妄求周遍的问题。

当然，二程、朱熹对佛教的批评言论不止于此，还有许多旁枝末节。姚广孝逐条陈列，一一提出了自己的反驳意见。由于姚广孝胸怀大志，心念人世，他的反驳并没在理论体系上太多纠结，更多的是立足于现实。在姚广孝看来，以《法华》《华严》《楞伽》等经为典论的大乘佛教，其立足点既然是世间与出世间的相通，那么学佛也就不应消极出世，而应积极参与世事，消极出世只是外道邪禅之说，大乘佛教从世间与出世间的一致上立论，排除了这种消极性，积极面对现实人生。这种理论，无疑为姚广孝不避俗事，积极参与政治活动提供了佛学依据。

在世间与出世间一致说的基础上，姚广孝着重论证了释氏之说与儒家之学的同一性，驳斥了程朱有关佛教"自私""独善"等的批评。在他看来，佛教的"妙真如性"与程朱理学的"道即是性"并不矛盾，且佛教与儒家都谈性命道德，都是圣人之学，所以也"并行而不悖"。他认为，佛教宗旨在"化人为善"，出家是为了众生利益，绝非自私独善行为。他说："佛愿一切众生皆成佛道，圣人言人皆可以为尧舜。当知世间、出世间圣人之心未尝不同也。"姚广孝由此立论，证明他一生的言行既符合佛教教义，又不悖于儒家学说。

因此《道余录》的整个精神，在于强调儒、佛相同之处，扭转儒家知识分子的偏见，以求得儒、佛两家的共存相处。从当时思想发展背景来看，姚广孝的用意只是试图为佛教前途谋一线生机。

因此，在反驳的过程中，姚广孝显然是为自己定下了一个原则，即在批评二程、朱熹相关排佛言论的同时，不能去挑战儒家学说的权威性。他可以站在僧人的立场上尽力为佛教辩护，以充分展现佛家义理的高明，却不能恃宠而骄，挑战朱棣的底线。

从具体文字来看，姚广孝很多时候保持了一种自制和谨慎。他常常利用儒家称颂的孔孟、尧舜等圣人的事理学说，来说明其与佛教"理无二也"，即试图从儒、佛双方都认可的角度，来寻求儒家的共鸣与体谅。因此，姚广孝更希望儒、佛两家能够"各从其志"，相互尊重对方的立场。这无疑是在儒学占优势地位下的必然的妥协，实际上也是佛教在中土传播以来，为求生存而不断寻求与中土文化妥协、融合的同时，又保持自身独立性的主要方式。

不过，虽然姚广孝力求不去讨论儒家学说的得失，仅是针对儒家的排佛言论反驳，而且仅针对二程、朱熹，但在程朱理学渐成主导的时代，在儒学者看来，对程朱指手画脚，本身就是一种挑战和冒犯。更何况在言辞上，姚广孝并不是完全地卑躬屈膝，常常在每一条的结尾，或是暗含讥讽，如暗讽程颢"杞人忧天""自苦如此"，暗讽程颐"以管窥天""痴人面前，岂可说梦"，暗讽朱熹"与市井间小人争贩卖者之所为何以异哉"；或是直接指责程朱的不是，如指责程颢"不能撤藩篱而为大方之家""明道之执见僻说，若委巷之曲士，诚可笑也"，指责程颐"何其谬哉""良心何在"，指责朱熹"量之狭哉""却不近理，而昧其心""其可笑乎"。如此针锋相对的言论，让儒学者见之不爽，无怪乎有人会给姚广孝安上"诋毁先儒"的罪名了。

《道余录》的思想激荡

正是由于《道余录》采取与儒家正统思想正面交锋的激烈方式，也就注定这本书日后会遇到严厉反攻，并险遭焚毁的命运。姚广孝在世时，鉴于姚广孝深得朱棣荣宠，在朝廷中具有崇高威望，理学家虽怀有不满，尚不敢公然有异议。

随着姚广孝圆寂，以及朱棣、朱高炽的去世，恩宠渐疏，言禁渐开，加上对建文君臣的同情，关于《道余录》的争议便随之而出。在《道余录》问世后第十八年（1430）修成的《明太宗实录》中，就已出现批评《道余录》之语，此为官方文献的正式贬词。特别是明中期以后，《道余录》逐渐成为众人攻击姚广孝的一大把柄，到了嘉靖年间，《道余录》已难得一见。

郎瑛在《七修类稿》中提到张洪烧书之事。张洪为姚广孝生前共修《永乐大典》的同僚，曾受其照顾。他自述："少师于我厚，今无以报，但见《道余录》，即焚之，不使人恶之也。"张洪与姚广孝多有交往，钱谦益誉之为"吴中硕儒，贯穿宋人经学"。但他以儒家卫道者自任，其欲焚灭《道余录》，是站在儒家立场的狭隘之举。明人刘凤未见此书，但他认为"若其深诋宋儒，必有见焉。张洪何者，辄焚灭之，惜矣"。现代学者商传先生认为这样的报恩，是"十足的以怨报德的恶行"。但这种行为却也反映出《道余录》的出版，给坚持儒家正统的官僚和知识分子带来了巨大的压力。后来清代官修的《明史》和顾炎武的《日知录》都提到"广孝著《道余录》，诋讪先儒，为君子所鄙视"。

直到万历二十九年（1601），明代思想家李贽以七十五岁的高龄（逝世前一年）才得见此书，认为"绝可观""宜再梓行，以资道力，开出世法眼"。他见到姚广孝遗像时，感慨道："俯仰慨慕，欲涕者久之。以为我国家二百余年来，休养生息，遂至今日。士安于饱暖，人忘其战争，皆我成祖文皇帝与姚少师之力也。"《道余录》经过李贽的校阅后，于其去世十七年后即万历四十七年（1619），由钱谦益为之刊行，并于清康熙五年（1666）收入《嘉兴续藏经》。

实际上，《道余录》的出现，是明代延续宋、元以来佛教护法书系统中的一本。荒木见悟认为这是对佛教危机的一种警示，可谓切中要点，也可以视为那篇《佛法不可灭论》的续编，因而，有明一代，类似《道余录》的著作仍不断出现。同样，儒家方面的排佛论亦连续有人撰出。此一儒、佛相激相容的思想脉流，实贯穿有明一代的思想界，至阳明心学出现后，更开启新的融合浪潮。顾炎武曾评价道："少师之才，不下于文成。而不能行其说者，少师当道德一、风俗同之日；而文成在世衰道微、邪说又作之日也。"显然，这是针对姚广孝与王阳明两人都反对排佛的共同之处做的比较。但李贽等极少数人对姚广孝的高度评价，是并不为当时主流所容的特异之说。《道余录》一书，与辅佐朱棣"谋逆"之事结合在一起，成为明中期以后姚广孝遭到主流社会贬斥、封杀的重要原因。

《道余录》甚至流传到了日本。康熙五年，根据《嘉兴续藏经》，日本刊行了其和刻本，并附有黄檗宗南源性派和尚的跋文。黄檗宗是明末临济宗禅师隐元隆琦率徒东渡日本所创，故跋文中所反映的，仍是对故国佛教文化的关怀。其文曰：

继而成祖御极，则吴郡姚少师出而佐焉……至于重光佛日，照映邦家，犹胜于前多矣！今阅诸《道余录》，令人不能无感于少师也！少师负一世独秉之资……位极三公，而衣仅一衲。每博极内外典坟，尤留神儒释一贯之旨，故云栖老人向所推重，惟当代之留侯也。既而因宋儒立言著书，未觑佛之底蕴，多从一己之偏，殊阙至公之鉴，往往专以攘诋佛老为心。甚至乖违正理，流入邪途，诚可怖畏。由是少师悯之，攀条据理，逐一剖析，妙适机宜，彰明检实，诚破昏之慧炬也……可谓有功于教化矣。今世之称儒者，识鉴未必如少师，勋业未必如少师，无论佛之底蕴，即孔氏渊源，犹未识真，每窃宋人些糟粕，当已功能，徒争门墙，虚饰局面而已，安知存心养性之道，明心见性之旨哉！

可见此书有感于姚广孝的人格光辉及其在《道余录》中护持佛法的精神，流露出对姚广孝的信赖感，令南源和尚得以为佛门之高超风范自傲，而鄙视儒门浅薄进而坚定其护法的勇气。当然据传日本亦有人著《道余录破释》，以反驳此书。该书写于1686年，但现已不见此书。这说明日本当时也有人不以南源性派的看法为然。

在中国本土，1686年已是清康熙二十五年，《道余录》

中所代表的反排佛论精神，随着阳明学派的没落，也逐渐消沉了。直到1919年编辑的《涵芬楼秘笈》第七集刊行，虽收有此书，其条数与《嘉兴续藏经》相同，但无自序，更重要的是其中许多条文已被篡改。尤其在结论部分，多被删除或更改，以缓和对程朱激烈攻击的语调。此时已是五四运动爆发之年，正是一个激烈反传统的时代，但对《涵芬楼秘笈》的编者而言，仍只能以篡改原书来缓和立场，可见《道余录》的反排佛思想一直让一些传统知识分子耿耿于怀。

附录

年　谱

1335年（元至元元年）　出生于平江府长洲县相城（今苏州市相城区），名曰天禧。祖、父行医，家境贫寒。

至元年间至至正初年　幼年入乡学，读儒书。

1348年（至正八年）　入相城妙智庵为沙弥，以宗传为师，法名道衍，字斯道。

1351年（至正十一年）　颍州红巾军起义。元末农民大起义爆发。

1352年（至正十二年）　正式剃度为僧。朱元璋还俗投奔濠州义军。

1353年（至正十三年）　张士诚起兵于泰州。

1356年（至正十六年）　张士诚攻克平江（今苏州），以为国都。朱元璋取集庆（今南京）。妙智庵毁于兵火。

1360年（至正二十年）　高启、徐贲等人结北郭诗社。

1361年（至正二十一年）　开始与道士席应珍交往。

1364 年（至正二十四年） 赴径山兴圣万寿禅寺任掌记，随智及禅师习禅。

1365 年（至正二十五年） 与师智及、友王行游苏州穹窿山百丈泉。

1366 年（至正二十六年） 朱元璋进围平江。

1367 年（至正二十七年） 平江城破，张士诚灭亡。朱元璋北伐中原。

1368 年（明洪武元年） 是年前后，出游淮楚。正月，朱元璋称帝，国号大明。八月，徐达等攻取大都，元顺帝北走，元亡。

1369 年（洪武二年） 春，出游浙东。

1370 年（洪武三年） 春，住南京天界寺五月有余。期间请修《元史》的高启、贝琼为《独庵集》作序。朱棣受封燕王，时年十一岁。

1371 年（洪武四年） 朝廷诏取高僧，因病免赴京。

1372 年（洪武五年） 正月，大病初愈。

1374 年（洪武七年） 好友高启、王彝受魏观案牵连被杀。北郭诗社完结。宋濂荐儒僧郭传，朱元璋作《拔儒僧文》。

1375 年（洪武八年） 以通儒被召，赴礼部考试，留住天界寺。

1376年（洪武九年） 春，与宗渤等高僧不受官，还吴。

1378年（洪武十一年） 师智及圆寂，以弟子身份办理后事，
请宋濂撰写《塔铭》。好友徐贲因犒军不周下狱，两
年后死于狱中。

1380年（洪武十三年） 秋，再次出游浙东。三月，燕王就
藩北平。"胡惟庸案"发，宋濂被牵连，死于谪戍途中。

1381年（洪武十四年） 游普陀山归来。《净土简要录》《诸
上善人咏》两书梓行。道士席应珍卒。

1382年（洪武十五年） 八月，马皇后卒，朱元璋下旨诏取
高僧侍诸王。为宗渤所荐，被选为高僧，钦发燕王府。
十月初一赴北平，主持北平庆寿寺。

1388年（洪武二十一年） 正月，奉旨往观北平石经山，作
记。好友苏伯衡下狱死。

1390年（洪武二十三年） 春，朱棣北征，胜利而归。秋，
荐相者袁珙至北平。

1392年（洪武二十五年） 诏取赴南京，不久即还北平。四
月，皇太子朱标死。九月，朱元璋立朱允炆为皇太孙。

1393年（洪武二十六年） "蓝玉案"发，好友王行坐其党
而死。

1395年（洪武二十八年） 因公事还吴。

1398年（洪武三十一年） 闰五月，明太祖朱元璋死。皇太

孙朱允炆继位。开始削藩。

1399年（建文元年）　决策"靖难"，建隔音密室。七月，靖难之役爆发。十月，协助燕世子朱高炽坚守北平，大败南军。

1400年（建文二年）　八月，驰书围攻济南三个月的朱棣，劝其回师。

1401年（建文三年）　二月，力劝刚大败于东昌的朱棣再次出师。年底，献策直捣南京。

1402年（建文四年）　六月，一路南进的朱棣攻入南京，旋即帝位。七月，方孝孺、黄子澄、齐泰等被杀。十月，奉旨回到南京，不肯受官，后领左善世。

1404年（永乐二年）　三月，授太子少师，复姓姚，赐名广孝。六月，钦差赈济苏湖。友王宾作《永乐赈济记》。十一月，受命重修《永乐大典》。

1405年（永乐三年）　二月，在文渊阁开馆监修《永乐大典》。

1407年（永乐五年）　十一月，完成《永乐大典》初稿。

1408年（永乐六年）　十二月，上表进呈《永乐大典》。

1409年（永乐七年）　友王宾病故，作《王宾传》刊行。

1411年（永乐九年）　奉旨作袁珙墓志铭。受命负责《明太祖实录》的三修。

1412年（永乐十年）　二月，朝廷追赠其祖父母、父母。
十一月，《道余录》整理出版。

1415年（永乐十三年）　八月，妙智庵复修完成，设立姚氏
祠堂。

1418年（永乐十六年）　春，奉命赴北京朝见。三月二十八
日，病故于庆寿寺，年八十四。朱棣亲撰祭文和《御
制荣国公神道碑》。六月，以僧礼葬于北京房山。

主 要 著 作

1.《净土简要录》一卷。

2.《诸上善人咏》一卷。

3.《佛法不可灭论》一卷。

4.《道余录》一卷。

5.《独庵集》（已佚失）。

6.《独庵外集》（已佚失）。

7.《独庵外集续稿》。

8.《逃虚类稿》五卷。

9.《逃虚子诗集》十卷及续集、补遗各一卷。

10.《逃虚子集补遗》一卷。